George Picot

La Réforme judiciaire

essai

 Le code de la propriété intellectuelle du 1er juillet 1992 interdit en effet expressément la photocopie à usage collectif sans autorisation des ayants droit. Or, cette pratique s'est généralisée dans les établissements d'enseignement supérieur, provoquant une baisse brutale des achats de livres et de revues, au point que la possibilité même pour les auteurs de créer des œuvres nouvelles et de les faire éditer correctement est aujourd'hui menacée. En application de la loi du 11 mars 1957, il est interdit de reproduire intégralement ou partiellement le présent ouvrage, sur quelque support que ce soit, sans autorisation de l'Éditeur ou du Centre Français d'Exploitation du Droit de Copie , 20, rue Grands Augustins, 75006 Paris.

ISBN : 978-1539358978

10 9 8 7 6 5 4 3 2 1

George Picot

La Réforme judiciaire

essai

Table de Matières

I. LES CRISES ANCIENNES. — LA MAGISTRATURE FRANÇAISE DE 1789 A 1871.   6

II. L'INFLUENCE DE LA DÉMOCRATIE SUR LA MAGISTRATURE, — LES ÉTATS-UNIS ET LA SUISSE.   59

III. L'ESPRIT DE RÉFORME ET L'ESPRIT RÉVOLUTIONNAIRE.   103

I. LES CRISES ANCIENNES. — LA MAGISTRATURE FRANÇAISE DE 1789 A 1871.

La magistrature française traverse en ce moment une crise des plus graves. Il y a peu d'années, il était encore permis de se faire illusion sur la nature et l'imminence du péril. On pouvait croire que l'orage passerait sans éclater sur sa tête, que les nuages amoncelés se disperseraient au premier effort de sages réformes, et que l'électricité s'écoulerait lentement sans que la foudre mît le feu à l'édifice. Malheureusement les griefs qui sont invoqués contre les magistrats sont ceux qui entrent le plus aisément dans l'esprit du peuple. Toutes les imputations dirigées contre eux ont été répandues, colportées, accueillies avec une rapidité redoutable. On a répété que la magistrature actuelle, léguée par l'empire, était imbue de son esprit, qu'elle haïssait la république, et qu'enfin, crime irrémissible, elle était cléricale. Voilà le langage habile, les insidieux mots d'ordre redits autour de nous et que nos oreilles sont lasses d'entendre. A écouter les accusateurs, à observer leur audace, et l'action lente et sûre de leurs calomnies, on est bien tenté de perdre patience et de dénoncer le mobile secret qui les pousse. Il n'est pas une de nos révolutions qui n'ait vu un flot pressé de solliciteurs s'abattre dans les antichambres ministérielles, poursuivre sans merci les nouveaux détenteurs du pouvoir, leur arracher les premières places, et quand toutes les fonctions vacantes étaient distribuées, changer de langage, se faire délateurs, employer leur activité à multiplier les dénonciations, exaspérer à ce point les fonctionnaires qu'ils poursuivaient que la consigne était donnée de leur fermer les portes du ministère. C'est en de tels jours que M. Thiers, obsédé de sollicitations, s'écriait du haut de la tribune : « Savez-vous ce qu'est un fonctionnaire carliste ? C'est un fonctionnaire dont on veut la place. » Mot éternellement vrai que rajeunissent les accusations intéressées de notre temps, et bien fait pour peindre le mouvement d'ambition individuelle qui menace de mettre en coupe réglée les fonctions publiques.

Telle est la cause première du mouvement. Ce n'est pas la seule. Il ne servirait à rien de le dissimuler : entre la magistrature et le gouvernement populaire il y a plus que des malentendus. La démocratie, dans ses premières expansions, a horreur de tout ce qui ressemble à un frein. Comme l'écolier échappé du lycée au premier jour, si longtemps attendu, des vacances, et fuyant jusqu'à la vue du maître d'étude, le peuple en cours d'émancipation ne peut tolérer ce qui le rappelle à la règle. Le juge lui représente tout un passé de châtiments et d'expiations. Dans sa jouissance de se sentir libre, la foule se croit affranchie de tout joug, elle rêve une liberté sans limites, une existence sans travail, et des ressources obtenues sans peine. Au milieu des chimères d'un âge d'or dont les flatteurs ne cessent à chaque révolution de dérouler le tableau, la vue du gendarme, le souvenir du juge, en ramenant le peuple aux sévères réalités de la vie, chasse tout d'un coup les illusions et produit sur son esprit de violentes et douloureuses secousses. Il voudrait en vain ressaisir ses rêves ; mais le tribunal est là, debout : c'est le bras vivant de cette société qu'on pensait réformer. Encore un mouvement, un geste, un cri, et on sera mené comme autrefois devant le juge ; la prison, la plus dure des réalités, est toujours prête à ouvrir ses portes. Il n'est aucune émeute en notre pays qui n'ait tenté de se jeter sur les prisons. Le juge est aussi odieux qu'elles, et comme nos révolutions ont appris à la foule qu'en certains temps elle pouvait devenir maîtresse des lois, comme le roman, le théâtre, et je ne sais quelle école historique digne de l'un et de l'autre, lui ont enseigné que l'ancien régime avait disparu par une suite de coups de théâtre, elle appelle de ses vœux quelque changement à vue qui, en abolissant la misère, supprime le crime, réhabilite le condamné et mette de côté le juge devenu inutile en ce nouvel Éden.

Ainsi les magistrats ont contre eux les appétits de ceux qui pensent devenir leurs collègues, et les passions aveugles de ceux qui veulent détruire l'institution. Entre ces deux groupes d'adversaires, il est facile d'apercevoir la tourbe des malheureux qu'en leur vie de hasard la main de la justice a marqués, puis derrière ces agents empressés à diffamer parce qu'ils pensent effacer, en chassant les juges, le stigmate qui les obsède, on voit encore les rangs pressés des plaideurs qui ont conservé une rancune secrète, et qui, las de maudire en vain leurs juges, ont pris le masque des théories radicales pour se venger d'un seul coup en renversant la justice. Tout ce que la société renferme d'ambitieux, de déclassés et de misérables se trouve de la sorte coalisé contre le juge et prêt à mêler ses passions et ses haines. Le développement des mœurs démocratiques, en excitant l'envie, en donnant à l'homme une très haute idée de lui-même, en exaltant l'individu, favorise en cela les préventions populaires. Les causes les plus diverses se rencontraient donc depuis 1871 pour préparer contre la magistrature les éléments d'un formidable assaut.

Malheureusement les événements politiques sont venus affaiblir la défense et ont amené aux assaillants des forces inattendues. Depuis neuf ans, il s'est passé sous nos yeux un fait sans précédent. D'ordinaire chacune de nos révolutions est suivie d'une période de calme, pendant laquelle le principe du gouvernement demeure hors de conteste. La restauration, le gouvernement de juillet, l'empire, ont connu ces heures de détente où tout leur souriait et pendant lesquelles la société, qu'elle fût libre ou comprimée dans ses aspirations politiques, reprenait ses forces et se maintenait unie. Dès 1872, nous avons vu une partie du pays, la fraction la plus riche, celle qui se disait la plus influente, s'éloigner du gouvernement nouveau sous l'empire de profondes défiances et refuser de fonder une république libérale et conservatrice. L'année suivante, elle s'empara du pouvoir et réclama l'alliance de la magistrature pour arracher la France à la démocratie. Après avoir échoué une première fois devant la volonté du pays, cet effort fut renouvelé dans des conditions qui rendaient inévitable un second avortement. En quatre ans les libéraux, deux fois chassés des affaires par des coups imprévus, y revinrent portés par la volonté nationale. A chaque revanche, le mouvement était plus général, l'élan plus irrésistible. Quelques magistrats, complices de maladroites tentatives, compromirent à eux seuls l'institution tout entière.

Les luttes électorales sous le régime du suffrage universel, quand le pays est en guerre avec la hiérarchie des fonctionnaires, déposent des germes de discorde qu'une longue période ne suffit pas à éteindre. Les élections de 1876 et de 1877 ont enfanté des préjugés et des colères qui tendent à paralyser, sur toute l'étendue du territoire, l'action normale de l'autorité ; à côté des dépositaires locaux du pouvoir central, il s'est formé une hiérarchie de comités reliés entre eux et aboutissant au député, devenu non seulement le maître de l'arrondissement, mais le tout-puissant protecteur auquel parviennent les sollicitations comme les délations des électeurs.

George Picot

Malheur au tribunal qui, sur la réquisition de quelque imprudent substitut, a condamné un colporteur pendant la période du 16 mai ! Depuis trois ans, le colporteur est amnistié, et c'était justice, mais pour les juges, point d'amnistie ! Ce n'est pas assez que le parquet ait porté la peine de ses poursuites inconsidérées. Le député est devenu l'adversaire acharné du président et des deux juges : il les suivra dans leur carrière, à quelque extrémité du territoire qu'ils aient été envoyés ; s'il échoue dans ses sollicitations haineuses, il ameutera contre eux ses collègues des arrondissements étrangers. Entre eux et lui, c'est un duel à mort. Aussi est-ce le député qui a imaginé de suspendre l'inamovibilité à la veille des élections pour donner cours à sa vengeance au moment le plus utile.

Aux périls dont la magistrature était assaillie s'est ajoutée depuis six mois une crise nouvelle. Les fameux décrets du 29 mars n'étaient dirigés que contre les religieux ; les événements leur ont donné une double portée, et leurs auteurs ont bien vite compris qu'ils avaient en main un bélier qui pouvait du même coup enfoncer les portes des couvents et celles des prétoires. Les lois dont ils prétendaient user leur offraient deux voies à suivre : ou bien dresser des procès-verbaux de contravention et saisir partout la justice afin de faire juger la question de droit, ce qui, en toute nation civilisée, est la seule issue d'un conflit légal, — ou bien agir de haute lutte comme en pays conquis, en ne recourant qu'à la force, sans se soucier des tribunaux. Ils choisirent ce dernier parti. Dès les premiers jours de juillet, les religieux expulsés par la violence s'adressèrent à la justice de leur pays. L'empire, lui aussi, avait commis des actes de haute police pour lesquels il avait dénié tout recours : c'est d'alors que datait une jurisprudence contre laquelle tous les esprits libéraux avaient protesté. Le barreau se montra non moins ému de notre temps. Quelques noms avaient, il est vrai, changé de camp ; mais la masse demeura fidèle au droit violé. Quinze cents avocats, et à leur tête des jurisconsultes étrangers à la politique, tels que M. Demolombe et M. Rousse, soutinrent qu'en notre pays les lois ne consacraient pas plus au profit du gouvernement républicain qu'au profit de l'empire un pouvoir arbitraire, et les magistrats déclarèrent en plus de vingt tribunaux que nul ne pouvait enlever à leur compétence la connaissance des questions de propriété, de liberté individuelle et de sanction du domicile. Le tribunal de la

Seine avait-il fait autre chose, au lendemain du coup d'état, quand il refusa d'incliner sa compétence devant un décret confisquant les biens patrimoniaux des princes d'Orléans ?

Ceux qui, tout jeunes, avaient applaudi avec tous les libéraux aux éloquentes protestations de Berryer réclamant pour le droit de propriété un prétoire et le droit, *forum et jus*, ont retrouvé leur émotion d'alors. Les tribunaux sont demeurés fermes dans la jurisprudence inaugurée en 1852, et cette persistance a été invoquée comme leur plus grand crime. De ce jour, ils ont mérité d'être traités sans plus de ménagements qu'une simple congrégation.

Au milieu de l'excitation des esprits, un dernier ordre de faits a achevé de compromettre la magistrature. Le pouvoir avait projeté d'employer les parquets pour l'assister dans les actes de haute police qu'il méditait d'accomplir ; il aurait voulu recouvrir la violence du manteau du droit ; les premiers magistrats mis en réquisition par les préfets leur ont refusé tout appui. En adressant leurs démissions au garde des sceaux, ils protestaient contre la subordination des parquets mis aux ordres de l'administration préfectorale. Partout où leurs services furent réclamés sous une certaine forme, les magistrats se retirèrent. Leurs démissions furent traitées de rébellion. La chancellerie refusa de les mentionner à l'*Officiel* et affecta de révoquer les démissionnaires, afin de frapper de terreur ceux qui seraient tentés de les suivre, en usant vis-à-vis des premiers d'un châtiment jusque-là exemplaire. Sévérité vaine : les démissions redoublèrent. On suivrait à leur trace les actes de violence morale tentés en secret par les agents du pouvoir. Il faut avoir reçu la triste confidence des pressions exercées par les préfets et par les chefs de certains parquets pour comprendre toute l'étendue des motifs qui imposaient aux hommes de cœur une rupture avec une carrière qu'ils aimaient. Enfin, après ces négociations mystérieuses, l'expulsion était opérée. Que de parquets se démirent le jour où les lois se trouvaient violées dans l'arrondissement où ils étaient chargés d'en assurer la sanction ! L'exemple fut suivi avec un élan plus généreux que sage, et causa peut-être une joie un peu trop vive aux coureurs de places et aux amateurs d'épuration. Plus d'un procureur-général a dû être délivré d'un grave souci en recevant la démission d'un magistrat dont l'éloquence au service du droit eût retenti quelques jours après dans la province. Quoi

George Picot

qu'il en soit, ces considérations ne doivent pas nous faire oublier l'hommage rendu d'un bout à l'autre du territoire par de vrais magistrats, à l'indépendance de leurs fonctions, à la cause du droit et à la liberté de leur jugement et de leur conscience. Noble exemple de désintéressement, bien fait pour reposer des palinodies et des défaillances, et pour nous empêcher, malgré nos douleurs, de maudire le temps où nous vivons ! Ce refus de concours ne pouvait pas recevoir l'approbation publique des conseillers et des juges sans redoubler les colères des hommes engagés dans la guerre anti-religieuse. Les projets de loi suspendant l'inamovibilité furent invoqués comme la suprême ressource destinée à châtier la magistrature. Les habiles insinuaient qu'il aurait fallu ne frapper les couvents qu'après avoir remanié les corps judiciaires. Les violents voulurent réparer cette faute de tactique, et annoncèrent que du moins ils agiraient vite. Les menaces se succédèrent, et de toutes parts les tribunaux se sentirent enveloppés dans un réseau de délations secrètes, pendant que l'institution elle-même était accablée d'un torrent d'injures proférées publiquement dans tous les discours politiques. C'est ainsi que s'annonçait la discussion de la loi sur la magistrature. A cette déclaration de guerre d'un parti tout entier se préparant à frapper l'organisation judiciaire, les tribunaux répondirent par des jugements qui trahissaient leur indignation.

Ainsi la guerre est déclarée. Après des années d'escarmouches, de manœuvres menaçantes, de préparatifs alarmants, les radicaux, profitant de la faiblesse des ministères, ont jeté le masque. Ils méditent de suspendre l'inamovibilité dans l'année où la chambre sera renouvelée, afin de former des tribunaux plus propres aux besognes inavouables de la période électorale. Ils méditent de chasser tous ceux qui ne se courbent pas devant eux et de les remplacer par leurs créatures. Ils méditent de mettre au service du » peuple une légion de juristes prêts à forger à son usage toutes les théories de la servitude et à se faire les défenseurs de la toute-puissance populaire, le plus corrupteur de tous les despotismes. Nous connaissons leur langage. Nous n'avons pas eu la peine de le lire dans l'histoire. Il nous semble qu'il frappe encore nos oreilles. L'état, ses droits, son autorité suprême, ses mesures de haute police, sa compétence universelle et exclusive, la nécessité de fortifier le pouvoir contre les menées des anciens partis, contre ces mécontents dont la parole incorrigible ne résonne pas à l'unisson dans le concert de satisfaction générale, tel sera le vocabulaire à l'usage des nouveaux magistrats devenus les soldats d'une cause et non les libres serviteurs de leur conscience et du droit. Nous entendons autrement la mission du juge, nous avons un autre idéal, et c'est ce qui nous a mis la plume à la main.

I

Le problème est complexe : pour connaître les destinées de la magistrature, il faut savoir ce qu'elle a été parmi nous, le rôle qu'elle a joué depuis la révolution française sur cette scène troublée où elle a été successivement le jouet des démagogues et des despotes, où elle a acquis et perdu tour à tour sa dignité, selon que la statue de la liberté était visible ou voilée, où elle a survécu aux trônes qui s'écroulaient autour d'elle et vu les transformations d'une société qu'anime un esprit nouveau et que poussent des forces jadis inconnues. Cette étude des maux qu'elle a soufferts doit être féconde en leçons. Mais il ne faut pas que nos annales soient seules à nous fournir leurs enseignements. Si l'étude de l'histoire est une course dans le passé, l'étude des institutions contemporaines chez les peuples étrangers est souvent un voyage vers l'avenir. Le progrès de la démocratie n'est pas un fait particulier à la France : partout où l'activité de l'homme se déploie, son influence sur le gouvernement s'accroît en une égale mesure, Or la science, en multipliant dans des proportions infinies la puissance de l'homme, a contribué à développer partout son action. Il n'est pas un pays du monde qui échappe à ce flot montant des institutions populaires. Il est à propos de voir à la lumière de l'expérience comment les démocraties ont traité la magistrature, quelles luttes, quelles difficultés se sont produites, à l'aide de quelles solutions les peuples les plus avisés en ont triomphé, pourquoi d'autres ont échoué et comment il faut concilier les institutions judiciaires, dont la civilisation ne peut se passer, avec une évolution sociale qu'il n'est pas au pouvoir de l'homme de suspendre. A l'aide de ces données, avec le double enseignement de nos propres expériences et de celles des autres nations, nous pourrons peut-être sembler moins téméraires en reportant les regards sur nous-mêmes, vers un édifice qui a subi l'épreuve du temps, qui a résisté aux orages, dont l'architecture mérite tous nos respects, car il a abrité nos pères et est plein de leurs souvenirs, mais qui doit être accommodé aux besoins nouveaux, mis en harmonie avec les mœurs d'une société qui a tout simplifié, tout accéléré, qui a supprimé la distance, multiplié le temps, changé les conditions de la vie, et qui veut enfin améliorer l'organisation judiciaire. Ainsi, l'exemple d'un passé récent et l'expérience d'autrui nous aideront peut-être à séparer plus aisément ce qui est pratique et souhaitable des utopies dangereuses qui porteraient le désordre dans la justice et qui sont, à n'en pas douter, l'avant-garde de l'esprit révolutionnaire.

De l'organisation judiciaire en France avant 1789 nous ne voulons rien dire. Nous ne pouvons ici même traiter ce grand sujet, ni en faire un tableau en raccourci ; nous n'écrivons pas pour ceux qui en ignorent les traits généraux. Parler en une page des parlements, des justices inférieures royales ou seigneuriales, serait aussi inutile que de prétendre expliquer en quelques lignes la situation des juges vers la fin de l'ancien régime. Il suffit de rappeler que la vénalité était le principe général appliqué à tous les sièges, que le magistrat, acquéreur de sa charge, avait à se faire pourvoir de lettres de provision royales qui constituaient une pure formalité et qu'il était reçu par sa compagnie sans qu'un examen souvent réclamé, et par moments établi, lui fût imposé ; mais s'il était admis sans contrôle sérieux, aussitôt qu'il avait commencé d'exercer ses fonctions, il était entouré des plus solides garanties ; la charge ne pouvait devenir vacante, sa vie durant, que par une résignation volontaire ou par forfaiture préalablement jugée. La royauté n'avait aucune action sur le magistrat. On a souvent répété que ce système contraire à toute raison avait produit des résultats surprenants. En tous cas, il est certain qu'il vécut trois siècles, qu'il traversa des temps d'odieuse corruption en formant une magistrature qui fut l'exemple des bonnes mœurs, qui personnifia l'horreur de la domination étrangère, l'indépendance de la couronne, qui sut être modérée entre des partis violents, ferme et sage quand l'état était mené à sa ruine par des intrigants et des fous. Mais l'esprit de corps trop vivement excité devient aisément l'esprit de caste :

l'indépendance se transforme en égoïsme. L'institution qui vit sur elle-même s'épuise. Les parlements, à force de penser à leur intérêt, perdirent peu à peu leur crédit, leur horizon se rétrécit ; à mesure que la nation attendait davantage de leur initiative, ils s'attachèrent plus vivement à leurs privilèges ; au moment où ils se croyaient le plus populaires, ils disparurent en ne laissant à la royauté que la crainte de voir renaître les empiétements d'une opposition taquine, au peuple que le désir d'une justice plus simple, plus rapprochée et plus économique.

Les cahiers des états-généraux contenaient les mêmes vœux d'une extrémité à l'autre de la France. Les juridictions trop nombreuses et mal réparties, la confusion et les conflits de compétences, excitaient les doléances qui reparaissaient sous toutes les formes et qui témoignaient d'un impérieux besoin d'unité. D'un si grand accord devait sortir une prompte étude. Un instant, l'assemblée constituante put croire, en entendant Bergasse, le 17 août 1789, qu'elle avait trouvé et allait créer d'un coup de baguette l'organisation judiciaire qui convenait à la France issue de la révolution. Mais la Providence ne dispense pas les hommes de l'effort, et l'enfantement de nos institutions devait coûter d'autres douleurs. Il fallait dix années de troubles pour que le plan large et symétrique proposé par Bergasse prévalût : justice indépendante, n'étant la propriété ni du seigneur ni du juge, tribunaux rapprochés du peuple, défense aux magistrats d'empiéter sur les autres pouvoirs, publicité de l'audience, création de trois degrés de juridiction, des juges de paix répandus dans les campagnes, un tribunal par district, une cour supérieure par province, des magistrats inamovibles et nommés par le roi sur une liste de trois candidats présentés par les assemblées provinciales, tels étaient les principes, alors nouveaux, proclamés trois mois après la réunion des états-généraux et qui semblent aujourd'hui l'écho presque banal d'une vérité démontrée. Ce projet, qui nous offre la pensée de la nation dans ce qu'elle avait de plus pur, fut battu en brèche par ceux qui voulaient tirer des événements toutes leurs conséquences. Ce serait écrire une page de l'histoire de la révolution, et ce ne serait ni la moins neuve, ni la moins intéressante, que de tracer le résumé des mémorables débats qui s'engagèrent sur l'ordre judiciaire. Dès le commencement de 1790, Thouret proposait, au nom du comité de constitution, le choix de deux candidats par tous les électeurs du district ; bientôt cette dernière concession ne suffisait plus et, après une discussion que personnifient les noms de Cazalès, de Barnave et de Mirabeau, l'élection directe des juges était votée par 503 voix contre 450.

Ces discussions solennelles, dont le temps, après un siècle, n'a pas affaibli l'éclat, aboutirent à une organisation judiciaire dans laquelle figuraient les juges de paix, les tribunaux de district, le jury criminel et le tribunal de cassation, mais d'où étaient exclues les juridictions d'appel, les recours étant jugés par les tribunaux de districts exerçant sur eux-mêmes une révision mutuelle. Ce fut dans l'hiver de 1790 à 1791 que fut mis en mouvement le système électif qui viciait si profondément la nouvelle organisation. Les assemblées primaires composées de tous les citoyens actifs âgés de 25 ans, domiciliés depuis un an dans le canton, et payant une contribution directe de la valeur de trois journées de travail, élurent leurs juges de paix ; elles choisirent en outre, à raison d'un pour cent citoyens actifs, l'électeur du second degré parmi ceux qui payaient une contribution égale à dix journées de travail. C'était la centième partie des citoyens qui nommait les juges. Dans le plus grand nombre des départements, les élections furent compromises par l'indifférence ou par la passion, d'où sortirent des incapables ou des violents. On se tenait pour heureux quand le juge n'était que médiocre. A Paris, où les ardeurs politiques étaient si intenses, sur 90,000 citoyens actifs il n'en vint que 18,000, mais c'étaient les plus honnêtes bourgeois de la ville. ils désignèrent 900 électeurs du second degré. Au lendemain de la fédération, les violences populaires n'avaient pas encore aigri les cœurs. La première élection fut faite avec l'entraînement naïf des enthousiasmes de 1789. L'élite des électeurs de Paris, choisissant l'élite des jurisconsultes, envoya au tribunal des membres du parlement, du conseil d'état et des avocats tels que Tronchet, Target, Treilhard et Duport. Aussi ne tardèrent-ils pas à devenir suspects. Ils ne siégeaient pas depuis un an que les orateurs populaires demandaient le renouvellement du tribunal. C'est le vice de l'élection des juges que la durée la plus brève du mandat paraît toujours trop longue à la foule des justiciables impatients de changer les hommes et d'exercer ses vengeances. En peu de jours, les conditions de l'électorat furent supprimées, les faillis, les insolvables, les étrangers même devinrent électeurs, et les tribunaux furent dissous. Élus en janvier, installés en avril 1793, les nouveaux magistrats désignés par les sections furent aussi médiocres qu'obscurs. A côté de quelques hommes de loi, on rencontre les professions manuelles les plus diverses. Deux mois après, les plus ardents réclamaient des scrutins épuratoires. Le gouvernement révolutionnaire était installé, et la convention, cessant de recourir aux élections, se chargeait de pourvoir aux vacances. Après la chute de Robespierre, le tribunal renouvelé vit rentrer dans son sein quelques lumières, puis la constitution de l'an ni ramena le régime électoral de 1791.

La réaction contre la terreur fut si vive que les élections de 1797 remplirent les tribunaux de royalistes. Le coup d'état de fructidor se hâta de les en éloigner, suspendit l'élection et confia de nouveau le choix des juges au gouvernement, qui peupla dès lors les tribunaux de ses créatures, singulier mélange de révolutionnaires calmés et de royalistes dissimulant leurs espérances. Cependant la justice cherchait à reprendre son cours régulier. Le 18 brumaire seconda cet effort en rétablissant à tous les degrés cet ordre dans les esprits et dans les institutions que la France, lasse de l'anarchie, ne croit jamais acheter trop cher au prix de sa liberté. Avec la constitution de l'an vin et la loi organique qui la suivit, les corps judiciaires furent constitués. Juges de paix en chaque canton, tribunal de première instance en chaque arrondissement, tribunaux d'appel au nombre de vingt-neuf et au sommet tribunal de cassation, telle était la hiérarchie régulière créée au commencement du siècle. Les mensonges d'une élection judiciaire soumise aux fluctuations politiques furent écartés : ce qui avait pu réussir, au souffle de 89, n'avait cessé depuis de donner des juges animés de l'esprit de faction, tantôt dévoués à la terreur, tantôt aux ennemis de la révolution. Après trois expériences, les partis étaient fatigués de l'élection. Néanmoins le premier consul la conserva pour les juges de paix, afin de ne pas heurter les révolutionnaires. Les résultats en étaient déplorables : « Les juges de paix sont en général mauvais, » assurait Fourcroy, envoyé en mission dans l'Ouest. « Ils abusent de leur nomination par le peuple. » — « Ils sont très mauvais, écrivait du Midi un autre conseiller d'état. Des villes telles qu'Aix ou Marseille, où il eût été si facile de faire de bons choix, ont pour juges de paix de simples ouvriers qui sont sans lumières et sans considération. » Aussi, lorsque le général Bonaparte devint consul à vie prescrivit-il que l'assemblée primaire présenterait deux candidats à son agrément.

En réorganisant la magistrature, la Constitution de l'an VIII n'avait pas manqué de proclamer le principe de l'inamovibilité, mais il est de l'essence des pouvoirs absolus de ne pouvoir s'en accommoder longtemps. La sécurité des juges était complète en 1807, lorsque l'empereur ordonna une épuration générale des cours et tribunaux. Une commission de six sénateurs fut chargée d'examiner les dossiers, et la nomination de plus de soixante magistrats fut révoquée. Pour l'avenir, portait le sénatus-consulte, « les provisions qui instituaient les juges à vie ne seraient délivrées qu'après cinq années d'exercice de leurs fonction », si l'empereur reconnaissait qu'ils méritent d'être maintenus dans leurs places. » Trois ans après, sous le prétexte de rendre aux cours impériales un peu de l'éclat des parlements, une nouvelle et plus large épuration fut faite. Quinze magistrats furent écartés dans la seule cour de Paris. Ainsi, deux éliminations arbitraires à trois années d'intervalle, l'inamovibilité promise comme récompense individuelle, telle était la situation précaire des magistrats, lors de l'installation de 1810.

II

Bouleversée par la révolution, façonnée par l'empire, qui l'avait brisée et refaite à sa fantaisie, la magistrature était composée, en 1811, des éléments les plus dissemblables. On comptait dans son sein quelques-uns des rédacteurs du code, qui consacraient leur vie à l'interprétation des lois qu'ils avaient eu l'honneur d'écrire, d'anciens membres de la convention appliquant autant de soin à se faire oublier qu'ils en avaient mis à se faire craindre, des jurisconsultes de l'ancien régime acceptant sincèrement la nouvelle législation, apportant leurs lumières dans les questions encore nombreuses qui devaient être tranchées par les règles du droit coutumier combinées avec les principes du code, enfin des jurisconsultes d'origine étrangère amenés à Paris par droit de conquête, siégeaient auprès des Français, éclairant de leur intelligence le conflit des droits mêlés par la guerre. L'application régulière à un travail commun avait rapproché sans les fondre ces éléments divers. Les maux de la guerre, en s'amoncelant sur la France, achevaient d'unir les sentiments. La conscription avait porté l'exaspération dans le sein de toutes les familles. La magistrature, naturellement ennemie des armes, aspirait plus qu'aucune autre classe de la nation au rétablissement de la paix. L'arrivée subite des Bourbons sembla une délivrance, elle n'hésita pas à saluer le pouvoir nouveau. La cour de cassation donna l'exemple. Dans la matinée du 3 avril, trente-cinq de ses membres (sur 51) rédigèrent une adresse dans laquelle la cour, ne se bornant pas à adhérer à la déchéance votée par le sénat et annoncée depuis la veille, a exprimait l'espoir que la France trouverait enfin le repos à l'ombre de ce sceptre antique et révéré qui, pendant huit siècles, avait si glorieusement gouverné la France. » *Le Moniteur* du 4 enregistrait ce document, le premier qui contînt dans la feuille officielle une allusion à la maison de Bourbon.

L'impulsion était donnée ; le lendemain, le procureur-général et plusieurs retardataires adhéraient publiquement. La cour de Paris, dans un arrêté portant le nom de Séguier, invoquait les lois fondamentales et appelait au trône le descendant de saint Louis, pendant que le tribunal de la Seine proclamait son adhésion et ses vœux. A l'heure où les magistrats agissaient, Paris ne connaissait pas la défection du Marmont. Les trois compagnies judiciaires qui s'assemblèrent au palais de justice de Paris cédaient donc à la fois à la lassitude générale et à un sentiment qui leur était propre.

Ce qui confond au récit des actes, à la lecture des harangues de ces premiers jours, c'est l'unanimité de compagnies, dans lesquelles des procureurs-généraux, tels que Merlin, des conseillers et des avocats-généraux qui, à la convention, avaient voté la mort du roi, s'empressaient d'acclamer le frère de Louis XVI. Le mouvement fut tel que le Moniteur n'eut à enregistrer ni démission ni révocation. Les gens des parquets demeurèrent tous à leur poste. Les hommes sages qui conservaient l'esprit libre au milieu de ce bouleversement n'étaient pas sans appréhensions en se demandant ce qu'allait devenir l'institution de la justice impériale, si différente des anciens corps judiciaires. Où s'arrêterait-on dans ce retour vers le passé dont les plus ardents donnaient le signal ? Les esprits politiques qui conduisaient les événements avaient senti le péril et tenté dès le premier jour de le conjurer. En précipitant la rédaction en quelques heures d'une constitution parlementaire instituant une monarchie contractuelle, M. de Talleyrand avait pris dans l'ordie politique les seules précautions que permissent nos défaites. Quel que fut le sort éphémère de cette constitution, elle servait de plan, posait des bases et formulait en réalité les conditions auxquelles la société française issue de la révolution et de l'empire acceptait la restauration de l'ancienne monarchie. A côté de l'affirmation alors utile que « nul ne pouvait être distrait de ses juges naturels, » la constitution stipulait des garanties sérieuses ; le jury et la publicité des débats criminels étaient conservés, la confiscation abolie (art. 17), les cours et tribunaux ordinaires étaient déclarés à vie et inamovibles, les commissions et tribunaux extraordinaires étaient supprimés et ne pouvaient être rétablis (art. 18). Enfin, pour consacrer l'indépendance judiciaire et lui donner une sanction, toutes les juridictions étaient investies du droit de proposer au roi trois candidats pour chaque place vacante dans leur sein ; le roi devait choisir l'un des trois ; il était libre de nommer sans condition le premier président et les membres du ministère public (art. 19).

La charte « octroyée » de 1814 ne fut donnée qu'un mois plus tard. Elle contenait des restrictions qui apparaissent en rapprochant les deux textes. Assurément l'esprit modéré du nouveau roi était fait pour comprendre M. de Talleyrand ; mais, autour de lui, ses amis, dès les premiers pas qu'ils avaient faits sur le sol de la France, avaient marché de surprise en surprise. Rien ne les étonnait davantage que cette hiérarchie symétrique de tribunaux régulièrement superposés et portant sur toute l'étendue du royaume des noms semblables qui ne rappelaient ni les parlements, ni les bailliages, ni les justices diverses dont le mélange pour nous si confus semblait à leurs yeux plus simple que ces innovations, images partout blessantes d'une révolution détestée. Ils ne se laissaient pas fléchir par le spectacle étrange que donnait de toutes parts la soumission des corps judiciaires ; comme ils poursuivaient une résurrection complète du passé, ils introduisirent dans le texte tout ce qui pouvait la faciliter sans blesser trop ouvertement la récente fidélité des magistrats.

« Les juges nommés par le roi, portait l'article 58, sont inamovibles. » C'était annoncer que la restauration allait être suivie d'une investiture nouvelle qui donnerait seule aux magistrats leur caractère indélébile. On avait jugé inutile de proclamer l'indépendance du pouvoir judiciaire ; on y avait substitué l'affirmation que toute justice émane du roi. Les cours et les tribunaux ordinaires étaient maintenus ; mais, en déclarant qu'il n'y serait rien changé qu'en vertu d'une loi, on accordait une garantie doublée d'une réserve. L'interdiction de créer des commissions et tribunaux extraordinaires était suivie de l'indication, que sous cette dénomination n'étaient pas comprises les juridictions prévôtales si leur rétablissement était nécessaire. Le jury était conservé, tout en laissant entendre « qu'une plus longue expérience » pourrait le faire modifier. Enfin, la présentation par les compagnies judiciaires de candidats soumis à l'agrément du roi n'était pas accordée par la charte.

En résumé, si le pouvoir nouveau consentait à maintenir l'organisation judiciaire telle que l'avait créée l'empire, il avouait par une série de réticences habiles la secrète pensée d'en modifier l'esprit et d'en épurer le personnel.

A ces indices fâcheux vinrent se joindre d'autres causes d'alarme. Le bruit se répandit que des enquêtes étaient suivies secrètement sur le passé des magistrats, sur leurs opinions, sur celles de leurs proches ; aucun juge, aucun membre du ministère public n'était atteint, mais tous étaient menacés, et la sécurité n'était réservée qu'aux royalistes qui avaient fait montre de leur dévouement. On ajoutait que les institutions judiciaires allaient être profondément modifiées. La chambre des députés, qui avait pris dès la chute de l'empire le sentiment de ses devoirs, se fit bientôt l'écho de ces inquiétudes. Le 25 août, M. Dumolard proposait de supplier le roi par une adresse d'accorder sans délai aux juges du royaume l'inamovibilité promise par la charte. Il rappelait que le salutaire principe de l'inamovibilité n'était pas une de ces idées vagues que l'on publie, puis que l'on ajourne. « Il nous faut, sans suspension et sans retard, s'écriait-il, des juges inamovibles par le même motif qu'il nous faut un roi inviolable, une chambre des pairs, une chambre des députés. » C'est à la « presque unanimité, » constate *le Moniteur*, que furent votés la prise en considération, l'impression et le renvoi aux bureaux de la proposition d'adresse (30 août 1814).

Le ministère ne pouvait conserver de doute sur l'issue du débat qui s'engagerait après l'examen des bureaux. La plupart des ministres partageaient d'ailleurs les convictions de la chambre. Malheureusement M. Dambray, dont l'autorité comme chancelier était prépondérante, avait des arrière-pensées d'une tout autre nature, et, auprès de l'abbé de Montesquiou comme autour des princes, s'agitaient les émigrés, moins ardents à réclamer des places pour eux-mêmes que résolus à poursuivre de leur haine les institutions nées de la révolution et à torturer le sens de la charte jusqu'à ce qu'ils eussent anéanti tout ce qu'elle n'avait pas expressément sauvé. Comme il fallait ne pas se laisser gagner de vitesse par la chambre, les partisans de l'ancien régime se hâtèrent d'examiner les divers projets de réforme judiciaire. On pensa d'abord à supprimer la cour de cassation et à rétablir sous le nom de *grand conseil* un corps qui, réunissant le conseil d'état et la cour suprême, eût fait ressusciter l'ancien conseil du roi. Puis on se demanda si, en maintenant l'institution des cours royales, elles ne pourraient pas être rehaussées par des privilèges qui leur rendraient l'éclat des parlements, sans leur menaçante influence. Il n'est pas jusqu'aux justices de paix dont on ne pensa à modifier le caractère en les soumettant à l'autorité des grands propriétaires, qui auraient retrouvé dans les institutions nouvelles l'ombre des justices seigneuriales. Mais Louis XVIII prenait au sérieux sa promesse de ne rien changer à l'organisation établie, et d'ailleurs son esprit mesuré goûtait peu ces bouleversements. Aussi ajournait-il les projets successivement élaborés par le chancelier. Au milieu de ces tiraillements le temps fuyait, et la date habituelle de la rentrée judiciaire s'était écoulée sans que l'institution attendue eût été donnée. Les tribunaux commençaient à murmurer : on faisait remarquer que partout en France la justice était rendue par des juges amovibles. Ainsi la restauration, en ne sachant se décider en aucune question, montrait cette impuissance qui multipliait les mécontents et préparait de nouvelles catastrophes.

Les députés perdaient patience ; ils allaient voter l'adresse proposée par M. Dumolard, lorsque, le 21 novembre, l'abbé de Montesquiou apporta à la chambre un projet qui, au travers de mesures sages, laissait deviner quelques-unes des pensées secrètes du ministère. Réduire de douze membres la cour de cassation, dont la compétence territoriale était restreinte comme la France elle-même, n'avait rien qui dût surprendre, mais, au lieu d'opérer par voie d'extinction, on laissait entendre qu'on choisirait les membres à exclure, faisant ainsi peser sur toute la magistrature, après six mois d'inaction, la menace contenue dans la charte. Enfin le chancelier, par un retour à l'ancien droit, pouvait présider les chambres de la cour de cassation. Ce projet, habilement rédigé, donna lieu à une discussion qui révéla bientôt la pensée qui l'avait inspiré.

Le remarquable rapport de M. Flaugergues, lu à la chambre le 17 décembre, dévoilait dès le début les passions rétrogrades qu'il s'agissait de combattre : « Ce fut, osait-il dire, une grande folie, en 1790, de croire que, pendant les siècles qui venaient de s'écouler, nos aïeux n'avaient rien imaginé de bon et qu'il fallait tout détruire. C'est une folie pareille, en 1814, de croire que, pendant les siècles d'efforts et d'événements accumulés dans les cinq derniers lustres, nous n'avons plus rien inventé de meilleur, et qu'il faut rétablir tout ce qui existait avant la révolution. ». La leçon était sévère et présageait la fermeté du rapport. Sur le principe même de la loi, il n'élevait aucune critique. Avec la diminution de territoire, les travaux de la cour de cassation se restreignaient. Le rapporteur allait jusqu'à concéder que le choix royal devait présider à la réduction, pourvu que l'institution ne fût plus ajournée ; la France attendait impatiemment le moment où, par l'inamovibilité, elle jouirait enfin de l'indépendance de ses juges. Il fallait se souvenir que « Bonaparte la promettait sans cesse et que sans cesse Bonaparte la refusait. » M. Flaugergues ne se bornait pas à tirer une leçon de ce souvenir : il rappelait que le conseil des parties détruit en 1790, avait semblé servir de modèle au ministère, A la cour de cassation, qui se sentait menacée, dans la presse, dans les brochures, on répétait que la cour suprême n'était plus., dans la pensée des ministres, qu'une section du conseil du roi et que le projet tout entier n'était que l'avant-coureur de mesures tendant à détruire nos institutions civiles.

La discussion répondit dignement à l'émotion publique. Les partisans de la loi s'efforcèrent d'amoindrir la portée du projet ministériel, mais leurs violentes attaques contre le rapporteur trahissaient leurs desseins ; les souvenirs du conseil du roi, si décrié que nul ne prit sa défense, et par-dessus tout l'immixtion du chancelier dans l'administration de la justice, donnèrent lieu aux plus vives critiques. A l'affirmation qu'il était permis au roi de juger ou de déléguer à qui bon lui semblait la justice, que le chancelier nommé par une ordonnance antérieure à la rentrée de Louis XVIII à Paris possédait un pouvoir supérieur à la charte, autorité qu'il tenait de la tradition monarchique, M. Flaugergues et ses collègues n'avaient pas de peine à répondre que la justice, émanant du roi, ne pouvait être sans despotisme exercée par lui, que le chancelier ne tirait de sa charge d'autre pouvoir que ceux conférés par la charte, au-dessus de laquelle nul ne pouvait se prétendre. Il est aisé de concevoir, sans qu'il soit besoin d'insister, quelle devait être l'indignation, non-seulement d'esprits libéraux ; mais d'hommes honnêtes et de bon sens contre un système qui, par la plus étrange confusion des pouvoirs, faisait du chancelier, du chef révocable de la magistrature, personnage chargé temporairement d'une fonction politique, le président d'un tribunal suprême, souverain juge des compétences et du droit.[1]

La majorité ne permit pas au chancelier de devenir le premier président amovible de la cour de cassation. Quant à la réduction de la cour de cassation, elle fut accordée sans difficulté. Restreinte à ces termes, la loi aurait dû être portée sur-le-champ à la chambre des pairs, si le cabinet avait eu en réalité pour objet défaire réduire le chiffre exagéré des magistrats. Il préféra trahir ses vues secrètes en laissant tomber un projet qui, dépouillé de certains articles, perdait tout intérêt à ses yeux.

Il n'y avait plus de raison d'ajourner l'investiture. Le 15 février, on se décida enfin à publier la liste de la cour de cassation : M. de Sèze, le seul survivant des défenseurs de Louis XVI, remplaçait le premier président Muraire, mis à la retraite. Huit conseillers, dont quatre régicides, étaient exclus. Merlin était écarté. La cour de cassation achetait au prix de ces épurations la garantie définitive d'une inamovibilité qu'elle n'a plus perdue. Le 4 mars, la cour des comptes recevait l'investiture dans une séance solennelle, et le chancelier déclarait que le roi n'avait eu aucun changement à faire

---

1 Il est bon de voir comment, au cours de cette mémorable discussion, on signala à quels monstrueux abus pourrait conduire l'intervention du chancelier, seul juge révocable en des affaires d'intérêt politique où il pourrait vouloir, au profit d'un intérêt ministériel, soit entraîner les juges, soit peser sur eux, soit départager par sa voix un tribunal divisé qui hésiterait. (Séances du 22 au 27 décembre 1814.)

dans la composition d'une cour dont tous les magistrats étaient dignes de « recevoir le sceau de l'inamovibilité. »

A l'heure même où, sous les voûtes du palais de justice, le chancelier Dambray recevait paisiblement le serment des membres de la cour des comptes et écoutait les harangues des magistrats que l'empire avait nommés et qui n'avaient pas assez d'objurgations pour le maudire, Napoléon était depuis trois jours sur le sol de la France. Pour le succès de sa téméraire entreprise, il était attentif à se servir de toutes les causes de mécontentement soulevées par les Bourbons. Dès ses premiers pas, il trouva la magistrature si blessée des hésitations malveillantes du gouvernement, les doléances des cours de Grenoble et de Lyon furent si vives qu'il voulut leur donner satisfaction par le premier décret impérial qu'il signa à Lyon, le 13 mars. « Considérant, dit-il, que par les constitutions de l'empire les membres de l'ordre judiciaire sont inamovibles, il est décrété que tous les changements arbitraires opérés dans les cours et tribunaux sont non avenus. » Telles avaient été les incroyables maladresses de la restauration qu'avec les intentions les plus droites, la résolution la plus ferme de donner aux justiciables et aux juges des garanties d'impartialité que n'avait jamais connues le despotisme, elle permettait après onze mois de pouvoir à l'auteur des décrets de 1807 et de 1810 de se dire le protecteur de l'inamovibilité. Il est vrai que, dès le lendemain de son arrivée à Paris, il révoquait le premier président Séguier et le président Try, donnant ainsi un démenti au décret de Lyon. Les destitutions ne suffisaient même pas : comme un conseiller à la cour de Paris, alors obscur, M. Decazes, avait refusé de se joindre aux félicitations officielles, il reçut un ordre d'exil.

Les adresses des cours impériales se succédèrent ; mais par une nouveauté qui devait surprendre les oreilles du maître, les magistrats acclamaient non-seulement l'indépendance nationale, mais, fidèles échos des convictions de la bourgeoisie française, ils appelaient de leurs vœux les libertés publiques, et l'établissement des garanties constitutionnelles.

L'acte additionnel aux constitutions de l'empire, en déclarant que les juges étaient inamovibles et à vie dès l'instant de leur nomination, ajournait encore pour les juges en exercice le bénéfice de l'inamovibilité jusqu'à la collation des provisions, qui devait avoir lieu avant le 1ᵉʳ janvier 1816. Ainsi, ni l'empereur, ni la restauration ne se résignaient à abandonner leurs droits en mettant le sceau à l'inamovibilité. Dans la nouvelle chambre des représentants, beaucoup de magistrats furent élus : à part quelques exceptions, les représentants sortis de la magistrature pour siéger à la chambre n'étaient ni des courtisans de l'empereur, ni de chauds partisans des Bourbons : ils n'avaient de passion profonde que pour le rétablissement d'une paix qui garantirait l'indépendance nationale et les institutions civiles de la France nouvelle.

Avec la fin du règne éphémère des cent-jours reparurent les projets de constitution. Celui de M. Lanjuinais reproduisait à l'égard du pouvoir judiciaire les formules de la charte, en n'y introduisant qu'une précaution relative à un délai de trois mois dans lequel devait être conférée aux magistrats cette inamovibilité qu'on avait pris l'habitude de promettre sans jamais la donner. Tel était sur ce point le sentiment public que, le 5 juillet, quand la chambre des représentants, alarmée du retour des Bourbons, voulant à tout prix prévenir les périls d'une restauration sans conditions, fit une sorte de déclaration des droits dans laquelle elle énumérait la suite des garanties qu'un prince, avant de monter sur le trône de France, devait, par un contrat solennel, jurer d'observer, elle inscrivait dans ce pacte constitutionnel le principe de l'inamovibilité des juges.

Ces projets ne laissèrent point de traces : quelques heures plus tard, Louis XVIII rentrait aux Tuileries. Il ne s'agissait plus désormais que de savoir si les Bourbons auraient tiré de l'étonnante aventure des cent-jours une leçon, ou s'ils montreraient la même incapacité de gouverner. Leurs premiers actes furent modérés. Dans le cabinet présidé par M. de Talleyrand, les sceaux étaient confiés à celui qui, de tous les hommes politiques d'alors, joignait en sa personne le plus de qualités diverses, au plus jeune des survivants de l'ancien parlement, au brillant conseiller d'état de l'empire, à M. Pasquier, qui, après s'être rallié à la première restauration, avait refusé de servir pendant les cent-jours et su résister à toutes les séductions de l'empereur. Par la modération de son esprit et le respect en quelque sorte héréditaire qu'il professait pour la justice, M. Pasquier était plus capable qu'aucun autre de conférer rapidement l'investiture qui devait être enfin le point de départ de l'inamovibilité en notre pays. Le 18 septembre, la cour de Paris fut instituée avec un certain éclat. Si la chute du ministère Talleyrand l'empêcha de continuer lui-même cette œuvre de reconstitution, M. Barbé-Marbois, son successeur dans le cabinet présidé par le duc de Richelieu, s'y voua en cherchant à atteindre le même but. Le tribunal de la Seine et la cour de Lyon reçurent l'institution le 15 et le 25 octobre. Cinq juges à Paris, six conseillers à Lyon étaient écartés ou admis à la retraite. L'exclusion frappait environ un cinquième dans chaque compagnie. C'était trop à nos yeux, mais trop peu au gré des passions de ce temps.

Depuis quelques jours à peine était assemblée la nouvelle chambre que Louis XVIII avait qualifiée dans un mouvement de joie malicieuse et que l'histoire devait nommer après lui « la chambre introuvable. » Élus dans un accès d'enthousiasme royaliste, les députés apportaient dans leurs cœurs les sentiments les moins politiques : la colère et le désir de la vengeance. A leurs yeux, la charte était une concession arrachée à la faiblesse, le retour triomphant de l'île d'Elbe une conspiration que la tolérance du roi avait soufferte, et qui du moins devait éclairer les vrais amis de la monarchie sur la nécessité de renoncer aux demi-mesures et aux pardons. Il avait suffi des élections pour faire tomber du pouvoir les Talleyrand, les Gouvion-Saint-Cyr et les Pasquier ; ce n'était, à les entendre, qu'un premier pas : il fallait chasser tous ceux qui avaient servi l'usurpateur. Une épuration sévère, portant sur toutes les administrations, était le premier devoir que rassemblée eût la mission d'imposer à la clémence un peu débonnaire du roi. On venait de voir des exemples de sa faiblesse. Non-seulement on n'avait pas remanié la cour de cassation, qui avait salué, au lendemain même de l'investiture royale, l'usurpation du 20 mars, mais l'institution venait d'être accordée à la cour de Paris et par le nouveau ministère au tribunal de la Seine et à la cour de Lyon, sans que des membres indignes, couverts par la possession, en eussent été chassés. Ce n'était point seulement une faiblesse, c'était un défi. La chambre devait le relever.

Telles étaient les pensées qui agitaient la majorité des députés et dont M. Hyde de Neuville se fit l'organe ; il annonça, dès le 23 octobre, qu'il comptait user de son initiative pour demander la réduction des tribunaux. Sa proposition, développée à la tribune le 3 novembre, avait au fond une tout autre portée. La diminution du nombre des magistrats n'était, alors comme aujourd'hui, qu'un prétexte, l'épuration poursuivie par un parti politique au profit de ses passions était le but. Le cabinet ne pouvait s'y tromper ; il était résolu à ne point devenir l'instrument des vengeances et se prépara à résister.

M. Hyde de Neuville avait proposé de réduire les cours royales d'un tiers et les tribunaux de moitié. Il soutenait qu'en 1789, pour remédier à la trop grande étendue du ressort des parlement qui donnait lieu à des « abus peu importants, » on s'était précipité dans un excès contraire ; qu'on avait multiplié les sièges pour donner satisfaction à la « manie des places, » qui est un des maux inséparables de la tyrannie. La seconde partie de la proposition portait que « Sa Majesté serait suppliée de suspendre pour une année l'institution royale des juges qui doivent composer définitivement les tribunaux. » M. Hyde de Neuville reconnaissait ce qu'avait de délicat une résolution qui était au fond un acte de défiance contre M. Pasquier et M. Barbé-Marbois ; « mais le roi ne pouvait ignorer que tous les bons esprits en France étaient effrayés de voir accorder avec précipitation, d'avoir vu donner (il fallait avoir le courage de le dire) l'institution royale à des hommes indignes qui avaient profité d'une méprise. » L'auteur de la proposition ne voulait pas aller chercher ses exemples dans les actes accomplis par Bonaparte, mais nul n'ignorait qu'il avait suspendu l'inamovibilité pendant cinq ans. N'était-ce pas quand les passions étaient en mouvement qu'il fallait demander au temps le soin de les calmer ? Si l'on objectait qu'un ajournement de l'institution était une menace, il serait facile de répondre qu'au contraire, « la crainte de perdre son emploi et de n'être pas confirmé engagerait le juge à redoubler de zèle dans l'exercice de ses fonctions. » (*Moniteur* du 5 novembre 1815.)

La mesure ne présentait point d'équivoque. Au moment où le député du Cher développait sa proposition, l'ordre judiciaire ne possédait qu'un titre précaire, moins trois cours et un tribunal institués par le roi auxquels il fallait ajouter certains magistrats individuellement nommés par ordonnance royale. Si le projet était accueilli, les magistrats régulièrement investis seraient dépouillés du caractère dont ils avaient été revêtus et, partageant le sort des autres compagnies judiciaires, ils verraient reculer d'une année une garantie annoncée depuis quinze ans et promise en vain depuis dix-neuf mois.

Les députés de 1815 se saisirent du projet avec joie et lui donnèrent une portée qui, sous la parole hautaine du rapporteur, M. de Bonald, n'allait à rien moins qu'à menacer dans leur ensemble l'organisation judiciaire et les hommes qui la composaient. Ne déguisant pas son dessein de rapprocher les cours royales et les tribunaux de ce qu'étaient jadis les parlements, les bailliages et les justices locales, M. de Bonald traçait un séduisant tableau de la justice sous l'ancien régime, osait affirmer que le nombre des juges s'était considérablement accru, soutenait que les codes offraient aux ignorants les moyens de multiplier la chicane, tandis que les procès étaient favorisés par un accès trop prompt auprès des tribunaux, qu'il était nécessaire de reconstituer les grands corps judiciaires, de diminuer le nombre des cours pour augmenter les compagnies ; qu'il importait peu de faire des mécontents, puisqu'il s'agissait d'exclure des ennemis du roi.

Quelle que fût l'assurance avec laquelle le rapporteur soutînt sa thèse et donnât cours à ses passions contre le nouveau régime, elle n'approchait pas des théories audacieusement émises sur l'inamovibilité. A l'entendre, ce n'était point une garantie ; elle n'ajoutait rien à l'intégrité du juge fidèle, elle assurait aux juges corrompus une longue et scandaleuse impunité ou favorisait une coupable indolence. Trahissant sa pensée secrète, le rapporteur allait jusqu'à dire : « Si telle était la disposition des esprits, l'influence des circonstances, qu'il y eût dans la société autant de juges faibles, corrompus, ignorants que de juges courageux, intègres, éclairés, un ordre judiciaire inamovible serait un malheur. » Quel était donc l'intérêt, quelle était l'origine de l'inamovibilité ? Selon M. de Bonald, elle n'était née ni de l'intérêt des justiciables, ni du respect de la justice, mais exclusivement du rôle politique des anciens parlements, auxquels la royauté avait voulu conférer une garantie propre à assurer le libre exercice du droit de remontrances et la garde des lois fondamentales.

Malgré des arguments historiques si solides, la commission dont M. de Bonald était le rapporteur s'était déclarée favorable à l'inamovibilité, mais, étendant la proposition Hyde de Neuville et s'inspirant du décret de 1807, elle instituait un stage d'un an pendant lequel tout magistrat demeurerait amovible en se bornant à acquérir des titres à l'investiture. La majorité ultra-royaliste transformait un expédient en une mesure définitive. En terminant, le rapporteur faisait un appel à tous ceux qui voulaient sauver la France, traçait le tableau des dangers que courait le royaume, laissant entendre que les juges institués trompaient sa confiance, que les attentats contre l'ordre public n'étaient punis qu'avec faiblesse, et que certains jugements récents pouvaient avoir pour l'avenir de la royauté des suites plus graves qu'une sédition.

Ce rapport écrit avec art, plein de subtilité et d'adresse, était le manifeste d'une majorité qui ne cachait pas son désir de revenir en tout à l'ancien régime. La discussion devait ajouter fort peu aux arguments du rapporteur. Tout le discours de M. de Bonald ne fut qu'une longue attaque contre les magistrats en fonctions. « Nous savons, dit-il, quelle est la composition actuelle des tribunaux. Un cri général s'élève de tous les points de la France pour réclamer leur réforme. » Il concluait en demandant qu'on ne s'en remît pas du devoir d'opérer l'épuration des cours au ministre qui n'avait pas su les composer, mais qu'une commission de députés fût chargée de ce soin. Ainsi un parti dominant dans la chambre, enflammé des plus ardentes passions, menaçant un ministère plus modéré que lui, voulait décréter une épuration presque totale dans un intérêt exclusivement politique.

L'opinion publique s'était émue du rapport de M. de Bonald : la presse l'avait discuté avec ardeur ; des publicistes l'avaient réfuté. Les libéraux, qui n'avaient pas encore rompu avec la restauration, suppliaient les chambres de ne pas commettre une faute qui « autoriserait à conclure que tous les gouvernements sont également amoureux du pouvoir arbitraire. »

A la chambre des députés, MM. Pasquier, Beugnot, de Barante, invoquèrent tour à tour la charte ; ce dernier montra quelle serait l'intolérable situation des magistrats mis en surveillance pendant une année, entourés et comme étouffés par la délation, ne pouvant conserver ni la liberté de leur esprit, ni l'indépendance de leurs jugements. En vain avouera-t-on qu'on se livre à une expérience, qu'on essaie des juges. Que diront les justiciables de 1816 ? et de quel droit seront-ils privés des garanties indispensables en une société réglée ? — La discussion de la chambre des députés semblait terminée, lorsque M. Royer-Collard, prenant la parole, porta le débat à une hauteur inconnue avant lui. Jamais, à aucune époque, l'inamovibilité ne fut défendue en de tels termes : il marqua ce grand principe de traits ineffaçables. Après avoir montré l'ordre social tout entier reposant sur le respect des lois et les tribunaux institués pour assurer ce respect, M. Royer-Collard prouvait qu'il n'y avait pas pour la société d'intérêt plus grand que l'impartialité des jugements, pas de ministère aussi important que celui du juge. « Lorsque le pouvoir, disait-il, chargé d'instituer le juge au nom de la société, appelle un citoyen à cette éminente fonction, il lui dit : « Organe de la loi, soyez impassible comme elle. Toutes les passions frémiront autour de vous ; qu'elles ne troublent jamais votre âme. Si mes propres erreurs, si les influences qui m'assiègent, et dont il m'est si malaisé de me garantir entièrement, m'arrachent des commandements injustes, désobéissez à ces commandements ; résistez à mes séductions, résistez à mes menaces. Quand vous monterez au tribunal, qu'au fond de votre cœur il ne reste ni une crainte, ni une espérance ; soyez impassible comme la loi. » Le citoyen répond : « Je ne suis qu'un homme, et ce que vous me demandez est au-dessus de l'humanité. Vous êtes trop fort et je suis trop faible ; je succomberai dans cette lutte inégale. Vous méconnaîtrez les motifs de la résistance que vous me prescrivez aujourd'hui et vous la punirez. Je ne puis m'élever toujours au-dessus de moi-même, si vous ne me protégez à la fois et contre moi et contre vous. Secourez donc ma faiblesse ; affranchissez-moi de la crainte et de l'espérance ; promettez que je ne descendrai point du tribunal, à moins que je ne sois convaincu d'avoir trahi les devoirs que vous m'imposez. » — Le pouvoir hésite ; c'est la nature du pouvoir de se dessaisir lentement de sa volonté. Éclairé enfin par l'expérience sur ses véritables intérêts, subjugué par la force toujours croissante des choses, il dit au juge : « Vous serez inamovible. » — « Tels sont, messieurs, l'origine et les motifs, l'histoire et la théorie du principe de l'inamovibilité, principe absolu, qu'on ne modifie point sans le détruire, et qui périt tout entier dans la moindre restriction ; — principe qui consacre la charte, bien plus que la charte ne le consacre, parce qu'il est antérieur et supérieur à toutes les formes et à toutes les règles de gouvernements, qu'il surpasse en importance ; principe auquel tend toute société qui ne l'a pas encore obtenu, et qu'aucune société ne perd, après l'avoir possédé, si elle n'est déjà tombée dans l'esclavage ; principe enfin qu'on a toujours vu, qu'on verra toujours menacé par la tyrannie naissante, et anéanti par la tyrannie toute-puissante. »

Les sages sentirent quelle était la puissance de l'orateur qui venait de se révéler ; les exaltés ne virent en lui qu'un théoricien étranger aux vrais besoins de la France, un philosophe dont la raideur n'entendait rien à la politique ; il s'en fallut de peu que les ultras ne traitassent de bonapartiste le fier esprit qui, demeuré fidèle à la monarchie constitutionnelle, avait traversé depuis vingt-cinq ans les révolutions et les despotismes en refusant également de se courber ni de servir.

Le vote de la chambre donna aux violents la satisfaction immédiate qu'ils souhaitaient : par 189 voix contre 158, la proposition Hyde de Neuville fut votée ; pendant un an, l'inamovibilité était suspendue à l'égard de tous les magistrats de France. Il est vrai que M. de Bonald échouait dans la proposition qu'il avait faite, mais telle qu'elle était votée, la loi était funeste, car elle constituait une de ces mesures d'exception que les partis triomphants se plaisent à faire lorsque le frein de la raison ne les arrête pas.

Heureusement, la chambre des pairs veillait au salut de la charte. C'est devant elle que le ministère comptait triompher des entraînements aveugles auxquels avaient cédé les députés. Aux discours du comte Molé, de M. de Lally-Tollendal, du duc de la Rochefoucauld, rappelant combien de malheurs avait déjà causés à la France le mot d'épuration et demandant si on voulait renouveler le système de délation qu'il autorisait au profit de ceux qui convoitaient des places, le garde des sceaux Barbé-Marbois ajouta les plus nobles efforts, discutant avec fermeté et s'écriant enfin : « Un tribunal entier qu'on peut éconduire, qu'est-ce autre chose qu'une commission ? Et l'histoire, quand il s'agit de commissions, n'examine pas quels magistrats les composaient : elle ne parle que des victimes. » Le langage des royalistes, soutenant qu'ils voulaient arracher la justice aux mains d'ennemis de la monarchie, ne fit aucune impression sur des esprits fermes qui étaient résolus à ne pas laisser glisser le pouvoir, aux mains des violents, et la résolution de la chambre des députés fut rejetée, le 19 décembre, par 91 voix contre 44.

La magistrature était sauvée de la tempête qui la menaçait : elle avait échappé à la crise la plus grave qu'elle eut eu à subir, mais il lui restait à traverser les caprices de l'investiture royale.

Cette mesure, qui semblait insuffisante aux fougueux royalistes, permettait au pouvoir d'étendre la main sur tous les sièges. Les libéraux, à chaque exclusion de magistrats, poussèrent des clameurs, et nul d'entre eux n'en a perdu la mémoire. L'épuration des corps judiciaires, accomplie par l'investiture, l'inamovibilité suspendue en fait pendant vingt mois et menacée dans son principe, les ultras projetant un bouleversement plus complet encore et succombant dans leur imprudente entreprise, tels furent les griefs que, dans tout le cours de la restauration, l'opposition ne se lassa pas de rappeler. Députés, historiens, publicistes s'accordèrent à flétrir ces épurations. Leur souvenir odieux sauva peut-être la magistrature menacée en d'autres temps par des partis différents animés de passions semblables. Ni le duc de Broglie, ni M. de Vaulabelle, ni M. Jules Favre ne pardonnèrent à la restauration une faute dont, à leurs yeux, elle ne s'était jamais justifiée.

On retrouve ce sentiment des contemporains dans la vivacité avec laquelle l'institution des juges-auditeurs fut attaquée en 1828 et en 1829. Créés sous l'empire en 1808, ces juges pouvaient être envoyés d'un tribunal à un autre dans le ressort de la cour à laquelle ils étaient attachés ; jusqu'en 1820, le ministre de la justice, ne parut pas se douter du parti qu'il pouvait tirer de ces magistrats volants ; mais il ne tarda pas à le comprendre : une ordonnance développa leur rôle, et près de six cents furent nommés de 1821 à 1828. Nul ne pouvait contester que le ministère eût eu un but politique et qu'une atteinte eût été portée au principe d'inamovibilité. Ces réclamations parties, de tous côtés parvinrent jusqu'à la chambre qui venait d'être élue en 1823, et un projet de loi supprimant les auditeurs fut promis par le ministère Martignac. MM, de Villèle et de Peyronnet avaient forcé tous les ressorts du pouvoir afin de lutter contre le flot montant des idées libérales. Affectation de choisir les magistrats parmi d'anciennes familles, dédain des barreaux, dont le libéralisme était suspect, envoi des magistrats du ministère public d'une extrémité à l'autre du royaume, emploi habile des auditeurs, tout avait été mis en œuvre pour briser l'indépendance de la magistrature. Spectacle singulier ! tant d'efforts furent impuissants : malgré les nominations de royalistes, l'esprit de corps l'emporta sur l'esprit de parti. Les magistrats se formaient aux mœurs constitutionnelles. Aux lamentations des royalistes déplorant, sans se l'expliquer, le mauvais esprit des cours, répondaient les hommages de la reconnaissance publique entourant les juges dont l'indépendance avait garanti la loyale application de la charte. Tant il est vrai que, dans notre siècle, les corps judiciaires, quel que soit le mode de leur recrutement, reçoivent et partagent tôt ou tard, si leur indépendance et leur fixité sont garanties, les sentiments, les principes et les convictions qui animent la bourgeoisie et qu'échappant à l'esprit de caste, ils n'entament de luttes prolongées qu'avec les opinions extrêmes et l'intolérance des partis !

III

La révolution de juillet 1830 trouva les corps judiciaires en majorité favorables aux Bourbons, mais effrayés de l'aveuglement du roi, décidés à se prononcer contre l'agresseur, quel qu'il fût, une magistrature enfin qui se serait rangée tout entière autour de Charles X si les libéraux eussent tenté quelque insurrection, mais que la violation de la charte déterminait à se rallier autour du nouveau pouvoir né du besoin de la défendre et de sauver la société de l'anarchie.

Dès les premières heures qui suivirent la révolution, il fallait décider si une nouvelle investiture serait prescrite. La gauche, qui sentait son triomphe, voulait en profiter pour enlever dans la révision de la charte la promesse d'une épuration générale.

Cette mesure fut repoussée par la question préalable, et on pouvait croire la question vidée, lorsque M. Mauguin, reprenant le même vœu, proposa par un article additionnel que tous les magistrats cessassent leurs fonctions dans le délai de six mois, s'ils n'avaient pas reçu, avant cette date, leur institution. A M. de Brigode qui défendit la mesure, le rapporteur M. Dupin répondit avec fermeté, ne niant pas les mauvais choix des ministres de Charles X, mais ajoutant « qu'à chaque mutation du gouvernement, on avait voulu s'emparer du pouvoir judiciaire pour le faire servir à l'intérêt d'un parti, » que les gouvernements nouveaux se donnaient une force considérable en sachant maintenir l'organisation judiciaire même malgré ses vices, que le parquet renfermait les éléments les plus contraires au nouveau régime, qu'on saurait y faire pénétrer l'opinion dominante, mais qu'il fallait éviter avant tout de renouveler, en ébranlant les juges, les fautes du passé.

En vain M. Salverte essaya de soulever contre la magistrature les récents griefs d'arrêts de répression ; M. Villemain rappela fort à propos le langage qu'inspiraient en 1815 les passions exaltées contre la magistrature ; il soutint que si l'inamovibilité devait être acquise par une espèce d'effort sur les impressions de la chambre, elle n'en vaudrait que mieux, le principe sortant d'une telle épreuve mieux consacré ; qu'il était vain de rappeler les condamnations contre les journalistes, puisqu'on pouvait mettre en regard le récent arrêt par lequel une cour avait déclaré injurieuse pour le pouvoir la supposition qu'il pût violer les lois, frappant d'avance le coup d'état d'anathème.

M. Mauguin se livra alors à une des sorties violentes qui étaient le propre de son talent : il traça le tableau des cours remplies des partisans du droit divin, d'ennemis secrets de la souveraineté nationale ; emporté par l'ardeur de sa parole, il osa déclarer que Louis XVIII avait bien fait de changer en 1815 tous les magistrats, qu'il fallait à une réaction savoir opposer une réaction nouvelle, et que le secret de la force pour un pouvoir nouveau était l'art de supprimer toute résistance, d'abaisser tout obstacle.

Après des observations de M. Madier de Montjau reconnaissant les aberrations de quelques magistrats, mais déclarant que l'immense majorité était incapable de se laisser aller à juger en matière civile sous l'influence de sentiments politiques, toutes les propositions furent rejetées à une grande majorité.

Malgré ce succès, les défenseurs de la magistrature n'étaient pas sans inquiétude. Le ministre de la justice, M. Dupont (de l'Eure), qui aurait dû se joindre aux adversaires de la proposition, avait gardé le silence ; ses amis protestaient contre la générosité impolitique de la chambre. Ils essayaient de compromettre le nom du roi, qui (nous le tenons de bonne source) s'était dès le début exprimé sur ce point avec la netteté d'un bon sens éclairé par l'expérience de 1815, et qui eut quelque plaisir à placer à la tête du parquet de la cour de cassation celui qui avait contribué à sauver la magistrature. Néanmoins il était évident que, pour dissiper les préventions, il fallait qu'un sang nouveau pénétrât dans le corps judiciaire. Les démissions autant que les révocations des membres du parquet rendaient les nominations nombreuses : les choix furent rapides et heureux ; en quelques jours, le barreau donna à la magistrature des noms qui devaient l'honorer, MM. Victor Lanjuinais, Vivien, Barthe, Berville, Bernard (de Rennes), Aylies, Tardif, et tant d'autres, destinés soit à entrer dans les chambres, soit à s'élever à la fois dans la hiérarchie judiciaire et dans l'estime publique. Pendant ce temps, les cours s'assemblaient pour prêter, conformément à la loi, le serment au roi des Français et à la charte. D'honorables scrupules déterminèrent quelques magistrats à s'abstenir. Les démissions ne dépassèrent pas une centaine.

M. Dupont (de l'Eure) ne bornait pas ses soins au remaniement du personnel ; il proposait dès le 2 septembre l'abolition des juges auditeurs. Le rapporteur, ancien garde des sceaux du ministère Martignac, condamna l'institution : « Il semble, disait M. Bourdeau, que tous les efforts du pouvoir ont été concertés, tous les moyens pris pour avoir une classe docile de magistrats, à l'aide de laquelle la majorité d'une chambre pût être arrangée suivant les intérêts ou les inspirations politiques du moment. Les députés n'eurent pas de peine à s'associer à son langage, et la loi fut votée avec cette distinction que les juges auditeurs seraient sur-le-champ supprimés, tandis que l'institution des conseillers auditeurs devait disparaître par voie d'extinction.

Mais l'intérêt n'était pas absorbé dans ces minces détails. Quel était l'esprit des corps judiciaires ? Dans quelle mesure étaient-ils dévoués au passé ? Comment pourrait-on modifier leurs tendances ? Avait-on bien fait de repousser une institution nouvelle ? Ne serait-il pas possible de revenir sur le vote du 7 août ? Tels étaient les doutes que soulevaient à tout instant, dans la gauche, les députés les plus attachés au nouveau gouvernement.

Pendant que ces débats avaient lieu à Paris, l'agitation, fort vive en province, était loin de s'apaiser. Les mois d'août et de septembre avaient vu les ordonnances de nomination se succéder au *Moniteur* sans que l'impatience publique fût satisfaite. C'est le malheur des gouvernements nouveaux de demeurer bien au-dessous de l'attente de leurs amis et d'être condamnés à multiplier les déceptions à mesure qu'ils accordent des faveurs. Les ambitions de tous ceux qui avaient concouru aux élections libérales de 1828, qui avaient été persécutés par le ministère du coup d'état et qui avaient lutté pour la réélection triomphante des 221 étaient surexcitées à tel point que le garde des sceaux, les ministres et les députés étaient assiégés de sollicitations qui prenaient parfois le ton de la sommation. Il se trouva de mauvaises têtes qui imaginèrent de provoquer des incidents bruyants pour faire céder la chancellerie. A Metz, lors de l'installation, des magistrats furent insultés, on menaça de les arracher de leur siège, on demanda leur démission avec violence. A Poitiers, des démonstrations de blâme public eurent lieu contre une partie des conseillers. A Nancy, où la prestation de serment s'était faite sans trouble, où la cour était entourée du respect public, les têtes s'étaient montées pendant les vacances judiciaires ; on avait vu de nombreuses démissions données dans plusieurs cours royales ; on avait compté les succès d'un barreau qui semblait avoir été oublié ; on se demanda s'il était juste que Nancy n'eût pas aussi « sa révolution judiciaire. » Quelques jours avant la rentrée, huit magistrats reçurent avis d'avoir à donner leurs démissions sous peine d'être exposés à la mort. L'audience de rentrée, à laquelle le barreau refusa d'assister, fut troublée par des manifestations ; des sifflets accompagnèrent les conseillers, des poursuites entamées n'arrêtèrent pas les menaces ; des écrits injurieux furent répandus dans le ressort. Il n'était pas besoin d'un tel scandale pour exciter l'esprit des députés ; de tous côtés ils recevaient les doléances de leurs électeurs. Ils saisirent la première occasion de les porter à la tribune. Elle ne se fit pas attendre.

Sur la pétition de dix-neuf avocats de Clermont déclarant que les juges de Charles X n'obtiendraient jamais la confiance du pays, qu'ils se refusaient à comprendre comment la toge du magistrat serait plus inviolable que le manteau de la pairie ou le sceptre royal et qu'il fallait une institution nouvelle pour épurer la magistrature, la commission proposa le renvoi au ministre de la justice, qui serait invité à mettre tous les dépositaires des pouvoirs publics en harmonie avec l'ordre fie choses nouveau. M. Dupin, en repoussant le renvoi, ne se borna pas à invoquer les promesses formelles de la charte et le contrat qui était né du serment librement prêté par les magistrats, il montra qu'une investiture ajournée « était une suspension de la justice et plus encore un renversement de toute justice. » — « Si je condamne un tel, dirait le juge, il me fera perdre ma place ; si, au contraire, je sers les intérêts d'un tel, il m'appuiera, il me protégera. » Pénétrant jusqu'au fond de la question, M. Dupin demandait à la commission des pétitions si, pour apprécier un intérêt civil, un juge devait être du même parti politique que les justiciables ; avec de telles méfiances, il montrait l'impossibilité de composer un tribunal dans un pays où existait une grande diversité de sentiments ; il estimait que pour lui il aimerait mieux confier la solution d'un procès à tel de ses adversaires politiques qu'à tel de ses amis et qu'il était heureux, pour la confiance de tous, qu'il y eût dans la magistrature des hommes de toutes les opinions.

Ce discours plein de bon sens ramena le calme dans les esprits ; le débat avait trahi trop ouvertement les vues intéressées de tous ceux qui réclamaient à leur profit l'épuration judiciaire, la chambre refusa de prêter attention à de si misérables plaintes ; l'ordre du jour fut voté à la presque unanimité.

L'énergie modérée de quelques hommes avait préservé le gouvernement naissant d'sine lourde faute. Des récriminations se firent encore entendre ; mais ces avidités impatientes que la distribution soudaine de quatre cents places dans les parquets n'avait pas satisfaites furent calmées par le temps. Deux ans après la révolution de juillet, nul ne réclamait plus d'épurations générales. L'opinion publique, un moment agitée, n'avait pas tardé à reprendre son assiette et la magistrature à retrouver le respect auquel elle était accoutumée. Appartenant à cette classe moyenne qui avait fait la révolution, les magistrats vivaient en plein accord avec la société de province, dont le nouveau régime avait couronné les vœux. Les institutions créées par la nation, ainsi que les lois pénales adoucies par elle, s'unissaient pour rendre leur tâche plus facile. Il est aisé de savoir ce que fut la magistrature sous le gouvernement de juillet. A aucune époque de notre histoire, parlementaire, les discussions du budget ne furent plus fécondes en renseignements sur la marche des services publics. Grâce à l'étendue de ces discussions, nous connaissons les griefs et les vœux exprimés, les projets de réformes judiciaires conçus pendant dix-huit ans.

A l'institution en elle-même aucune critique générale ne fut adressée. Ce n'est pas ici le lieu de suivre les débats qui s'élevèrent sur l'extension de la compétence des juges de paix, sur l'organisation de la suppléance au tribunal de la Seine, sur la meilleure forme à donner à l'organisation du noviciat judiciaire. Il faut lire ces discussions remplissant plusieurs séances des deux chambres, pour se rendre compte de l'éclat que leur donnait la parole du premier président Portalis, celle de M. Laplagne-Barris, de M. Vivien ou de M. Barthe. Ce que nous voulons retenir des débats annuels sur le budget, c'est le tableau des accusations portées alors par l'opposition. Sans y insister, les orateurs faisaient allusion à la sévérité de la magistrature en matière de presse. En leur rendant la connaissance de quelques infractions politiques, les lois de septembre avaient fait aux tribunaux le plus funeste présent, elles avaient mis les juges dans cette situation déplorable qui est commune à toutes les causes politiques, où leurs jugements ne passent jamais pour l'expression de leur conscience, mais pour un acte de faiblesse intéressée soit envers le gouvernement, soit envers l'opposition dont on les accuse de rechercher les faveurs. Ce qui revenait le plus souvent, c'étaient les critiques contre les cours royales, qu'on accusait de distribuer avec partialité le profit des annonces judiciaires et d'avoir ainsi accordé aux journaux ministériels de scandaleuses subventions. En relisant ces grands débats de 1845 et de 1846, on demeure frappé de l'importance attachée par le ministère à une mission discrétionnaire qu'il était si facile de modifier et de l'attention apportée par la chambre des députés à un abus qui de loin semble peu important. N'est-ce pas pour nous un irrécusable témoignage de la situation de la magistrature en 1847 ? On n'avait rien à lui reprocher d'essentiel. — Un grief bien autrement grave était le nombre des magistrats faisant partie des chambres. Soixante et onze députés appartenaient à la magistrature, et sur quarante-neuf magistrats de la cour de cassation, quatorze siégeaient au Luxembourg et onze au Palais-Bourbon. Mais était-ce l'organisation judiciaire qu'il fallait accuser, alors qu'il eût suffi de voter une loi d'incompatibilité pour porter remède à cet abus ? Ainsi, dix-sept années de discussions sans entraves n'avaient mis en lumière que des abus étrangers à la nature des juridictions et aux fautes des juges, mais se rattachant aux rapports imprudemment établis entre les cours royales et la presse, à la présence de trop de magistrats sur les bancs des chambres et aux promotions accordées aux sollicitations intéressées des députés.

IV

Aussi le gouvernement issu de la révolution de février ne prit-il pas au sujet de la magistrature, une de ces résolutions soudaines que provoquent les rancunes accumulées de l'opinion publique. Le 2 mars, le ministre de la justice, en allant successivement présider les audiences solennelles tenues au palais de justice était sincère lorsqu'il avouait qu'il n'avait aucun projet arrêté : « Ce que deviendra l'institution de la magistrature, disait-il, je ne puis vous le dire, nous l'ignorons tous. L'assemblée nationale prononcera seule sur votre sort. » Ou ces paroles n'avaient pas de sens, ou elles constituaient de la part du gouvernement une promesse de ne rien résoudre à coups d'autorité et de ne pas user de son pouvoir dictatorial. Le changement du personnel des parquets absorbait d'ailleurs tous ses soins, et *le Moniteur* était rempli de longues listes d'avocats-généraux et de substituts destitués. Aucun magistrat inamovible n'avait encore été atteint, lorsque parut une circulaire menaçante du ministre de l'intérieur (M. Ledru-Rollin), aux commissaires du gouvernement. « Quels sont vos pouvoirs ? écrivait le ministre. Ils sont illimités. Agents d'une autorité révolutionnaire, vous êtes révolutionnaires aussi… Quant à la magistrature inamovible, vous la surveillerez, et si quelqu'un de ses membres se montrait publiquement hostile, vous pourriez user du droit de suspension que vous confère votre autorité souveraine… »

Les commissaires n'eurent garde de négliger de telles excitations. Chaque courrier apportait à Paris la preuve de leur intempérance : ils suspendaient, parfois révoquaient des juges, allaient jusqu'à frapper un tribunal tout entier. En certaines villes, la colère populaire avait protesté, ramené de force sur leurs sièges les magistrats et chassé les commissaires. Dans le sein du gouvernement provisoire, ces désordres avaient leur contre-coup, M. Ledru-Rollin défendant ses tout-puissants délégués, et M. Crémieux s'élevant contre leurs empiétements. Un instant, on crut que les deux ministres s'entendraient pour subordonner les suspensions à une délibération du cabinet ; mais le gouvernement n'eut pas le courage de désavouer longtemps ses commissaires. Un décret du 24 mars approuvait en bloc toutes les suspensions des magistrats inamovibles prononcées dans les provinces et déclarait qu'elles se prolongeraient jusqu'à ce que le ministre en ordonnât autrement. Ainsi, le gouvernement central tolérait chez ses délégués l'exercice abusif d'un pouvoir qu'il ne s'était pas reconnu ; c'était encore trop peu au gré des violents. Un décret proclama que le principe de l'inamovibilité avait disparu avec la charte de 1830 et qu'il était incompatible avec le gouvernement républicain. Provisoirement et jusqu'au jour où l'assemblée nationale réglerait l'organisation judiciaire, la suspension ou la révocation des magistrats pouvait être prononcée par le ministre de la justice. (Décret du 17 avril 1848.)

Tout aussitôt quatre premiers présidents furent suspendus. Les décrets se multiplièrent pendant quinze jours sans que M. Crémieux osât faire insérer au Moniteur ces actes arbitraires, contre lesquels la presse, revenue de son premier effroi, commençait à protester avec violence. D'ailleurs les pouvoirs dictatoriaux expiraient. Le 4 mai, l'assemblée nationale était réunie, et, le 6, elle entendait les rapports des membres du gouvernement provisoire. En rendant compte des travaux qu'il avait accomplis en dix semaines, le successeur improvisé de M. Hébert fut forcé d'adresser aux magistrats des éloges qui, dans sa bouche, sont les plus précieux de tous les témoignages. « En dehors de la politique, dit-il, la justice ne manquait à aucun de ses devoirs. Soigneuse des intérêts privés des citoyens, débattant devant elle leurs prétentions respectives, soigneuse de la liberté des citoyens poursuivis pour des faits qui rentrent dans le droit commun, la justice remplissait avec zèle, avec impartialité, cette partie si importante de ses attributions. Malgré quelques imperfections que nos assemblées nationales s'étudieront à faire disparaître, aucun peuple n'a des lois plus claires, plus simples que nos lois civiles et criminelles. Les juges en font une sage application, et notre magistrature dans l'accomplissement de ce devoir n'a certes aucun reproche à subir. » (*Moniteur* du 7 mai 1848, p. 969.)

George Picot

« Le ministre de la révolution » ajoutait qu'il s'était contenté de suspendre quelques magistrats, mais qu'il n'avait pas révoqué un seul juge en présence des longues habitudes qui donnaient à la magistrature assise un caractère d'inviolabilité. De l'incompatibilité du principe de l'inamovibilité avec le gouvernement républicain pas un mot ne fut dit. M. Crémieux n'avait garde de renouveler à ce moment la déclaration aussi solennelle que maladroite contenue dans le décret du 17 avril. La commission chargée, dès le 2 mars, de préparer la loi constitutionnelle sur la magistrature avait commencé ses travaux et elle était loin d'admettre que l'inamovibilité eût, péri avec la charte de 1830. Elle se bornait à différer de trois mois l'investiture des corps judiciaires, mais elle subordonnait pour l'avenir toute révocation de juge à une décision de la cour suprême précédée d'un débat contradictoire, rétablissant ainsi l'inamovibilité. Le comité de constitution, de son côté, n'avait pas hésité à proclamer ce principe.

Ainsi, pour l'avenir, l'inamovibilité était reconnue, mais, comme le parti royaliste en 1815, comme les partisans passionnés de la révolution après 1830, les républicains de 1848 entendaient en ajourner le bénéfice jusqu'au moment où ils auraient pu éliminer tous leurs adversaires politiques.

Dans la discussion de la constitution, l'organisation judiciaire ne donna pas lieu à de longs développements. La théorie de l'incompatibilité des juges inamovibles et du gouvernement républicain n'eut même pas l'honneur d'une discussion. Le temps pressait, les pensées étaient ailleurs ; chacun songeait à l'élection prochaine du président de la république ; d'un commun accord, toutes les questions graves étaient renvoyées aux lois organiques. C'était donc vers les projets d'organisation que se tournait l'attention publique. La commission extra-parlementaire formée le 2 mars 1848 avait déposé en juin un projet dont le principal défaut était de soulever à la fois les questions les plus diverses : suppression de la chambre des requêtes, les cours ramenées à dix-neuf, les tribunaux réduits à un seul par département, le jury étendu aux matières correctionnelles, remplaçant les chambres d'accusation et chargé de fixer la peine et les dommages-intérêts, la distinction du fait et du droit imposée aux juges afin de préparer le jury civil, l'âge de la retraite fixé à soixante-dix ans, les compétences et les procédures modifiées, le pouvoir du ministre de la justice habilement limité par les présentations des cours jointes au barreau qui était chargé de tempérer l'esprit de corps, enfin une organisation du noviciat judiciaire, telles étaient les nombreuses réformes accumulées dans une même loi.

De tous côtés, des critiques s'élevèrent contre des changements auxquels l'opinion des jurisconsultes n'était pas préparée et que la commission n'avait pas pris le temps de mûrir. La cour de cassation combattit le projet avec une impitoyable logique ; des écrits se multiplièrent. Les représentants du peuple se montrèrent plus vifs encore que les magistrats ; la suppression de huit cours et de deux cents tribunaux, l'atteinte portée à la propriété des offices avaient causé dans les provinces une irritation dont chaque député se fit l'écho. Le gouvernement devait en tenir compte. Le ministre de la justice, M. Marie, retira ce projet afin de lui en substituer un nouveau plus modéré, dans lequel, sauf le projet d'une institution nouvelle, aucune des réformes contestables n'était maintenue. La commission de l'assemblée nationale en atténua encore la portée, tout en maintenant l'investiture républicaine. C'est sur ce point que s'engagea la véritable discussion. M. de Montalembert vint demander que l'institution promise par la constitution fût donnée à tous les magistrats inamovibles. Il rappelait le décret du gouvernement provisoire affirmant que l'inamovibilité était incompatible avec le principe républicain, et montrait cette déclaration frappée d'un double démenti par le sentiment public et par le texte de la constitution républicaine. Entrant dans les détails de l'exécution, il prouva que cette mesure allait livrer à l'anarchie les corps judiciaires, suspendre la justice, condamner la magistrature, à partir du jour où la loi serait promulguée, à se transformer en solliciteuse ou à recourir à des intermédiaires chargés de circonvenir les ministres pour leur représenter sa position, ses droits, ses devoirs, ses besoins. L'effet de ce discours fut profond. M. Crémieux lui répondit en soutenant que si l'assemblée nationale n'avait pas perdu le sens des événements de février, si elle avait encore conservé l'esprit de la révolution, il lui était interdit de laisser debout un seul pouvoir qui, fût antérieur à son origine. Il défendit les mesures qu'il avait prises contre les magistrats. Irrité des interruptions de la droite, le libéral de 1820 se donna le plaisir d'une attaque facile en s'écriant : « Avons-nous oublié ce que les gouvernements précédents ont osé sur la magistrature ? En 1815, vous l'avez brisée ; il est vrai que vous appeliez cela de l'épuration. » L'agitation prolongée qui succéda à ce cri de colère prouva que nul n'avait oublié les fautes de la restauration.

Ce fut M. Jules Favre qui répliqua à l'ancien ministre de la justice, et qui tint l'assemblée sous le charme d'une éloquence qui était alors toute nouvelle. Parti de l'extrémité opposée de l'horizon politique, l'orateur républicain arrivait aux mêmes conclusions que l'ancien pair de France. Comme lui, il voulait conserver l'inamovibilité ; mais s'il se levait pour la défendre, c'était dans l'intérêt de la république, afin d'éviter de porter dans le pays une perturbation funeste au gouvernement nouveau. Certes, il n'avait pas prévu que l'assemblée, que la nation elle-même dût être si peu réformatrice. Au lendemain de la chute de la monarchie, il avait cru que l'aurore d'un nouveau 89 allait se lever sur la France, que toutes les institutions allaient être retrempées au feu de la révolution, que le principe électif serait appelé à galvaniser les corps judiciaires ; il avait compris alors que l'inamovibilité fût répudiée ; mais le pays avait exprimé sa volonté : les réformes avaient été examinées avec défiance ; la chambre avait repoussé les innovations, elle avait voulu rassurer les intérêts, conserver et rétablir. Il fallait tenir compte de ce courant et ne pas chercher à le remonter ; il le fallait surtout quand il s'agissait de la magistrature, dont le pays ne désirait pas le renversement, que le pays estimait, qu'il entourait de ses respects, parce qu'en dehors de la politique elle avait fait son devoir, qu'elle l'avait fait loyalement, honorablement ; qu'elle jouissait en France d'un bon renom, et qu'à de très rares exceptions près, elle avait donné l'exemple de la vertu. A une loi organique apportant des réformes profondes, qu'avait substitué l'assemblée ? Un projet de loi réduisant le personnel et laissant debout l'institution tout entière. L'orateur faisait remarquer qu'ainsi on allait présenter au pays une loi qui, n'ayant que le titre d'organisation judiciaire, sous prétexte d'organiser la justice, « laisserait tout debout et détruirait, en même temps que les abus seraient respectés, ce qui pouvait les rendre moindres, c'est-à-dire la garantie de l'inamovibilité judiciaire. » Répondant aux souvenirs évoqués par M. Crémieux, il soutint que la restauration avait péri parce qu'elle s'était jetée dans cette voie de réaction et de persécution. « Avez-vous pu méconnaître, lui dit-il, à quel point avaient été impopulaires les épurations opérées par la restauration sur la magistrature de l'empire ? Est-ce que cela n'a pas été contre la restauration un reproche perpétuel dont jamais elle ne s'est justifiée ? Eh bien ! que vous conseille-t-on encore une fois ? On vous conseille d'imiter ces précédents, de déclarer vacante la totalité des places de la magistrature, de mettre aux mains du ministre de la justice le sort de deux mille fonctionnaires et de leurs familles, de prendre une mesure qui serait révolutionnaire sans être réformatrice, qui ne serait qu'un changement de personnes et qui ferait croire que le gouvernement de la république n'est qu'un gouvernement de créatures. »

La cause était gagnée, et le rapporteur, M. Boudet, fut impuissant à détourner l'assemblée d'adopter l'amendement de M. de Montalembert : 344 voix contre 322 proclamèrent le maintien de l'inamovibilité.

La majorité était-elle formée de voix coalisées contre la république ? Nullement. On comptait dans son sein des républicains éprouvés, des libéraux de vieille date, tels que MM. Barthélémy Saint-Hilaire, Leblond, Pagnerre, Edouard et Oscar de Lafayette, Ferdinand de Lasteyrie, Victor Lefranc, Guichard, Ferrouillat, des hommes comme Edgard Quinet et Victor Hugo. Tels étaient ceux qui, avec Jules Favre, à côté de MM. Dufaure et de Tocqueville, avaient voulu épargner à la république une perturbation qui aurait pu hâter sa perte.

En se déclarant favorable à l'inamovibilité, l'assemblée nationale avait condamné la loi ; en refusant de passer à une troisième délibération, elle renvoyait à l'assemblée législative la solution des problèmes soulevés par l'organisation judiciaire.

Dès que le ministère qui suivit les élections eut été constitué, le garde des sceaux, M. Odilon Barrot, chargea une commission extra-parlementaire composée des hommes les plus compétents de préparer un projet et un mois plus tard il était en mesure de le déposer sur le bureau de l'Assemblée. La plupart des dispositions votées par l'assemblée nationale s'y trouvaient reproduites : le personnel des cours et des tribunaux subissait une légère réduction, mais elle devait s'opérer par voie d'extinction ; les pouvoirs de la chambre d'accusation étaient confiés à la chambre correctionnelle ; les chefs de compagnie devaient puiser les candidats qu'ils présenteraient à la chancellerie sur une liste permanente composée chaque année mi-partie par la magistrature, mi-partie par le barreau ; la liste des candidats aux sièges de juges de paix devait être dressée par les conseils généraux ; le soin de prononcer l'admission à la retraite pour infirmités était dévolu à la juridiction immédiatement supérieure à celle du magistrat atteint ; les magistrats devaient s'abstenir dans les causes où plaideraient leurs parents en ligne directe ; après vingt ans de magistrature dans un même siège, hors Paris, les magistrats avaient droit à l'augmentation du dixième de leur traitement ; enfin, pour couronner toutes ces dispositions, le maintien intégral de la magistrature était décidé, et l'institution promise à tous dans les deux mois du vote de la loi.

La commission nommée par l'assemblée avait une telle hâte de voir cesser le provisoire et d'y substituer la garantie d'une inamovibilité réelle protégeant efficacement le magistrat institué qu'elle détacha du projet le titre premier, et le présenta d'urgence. Le projet fut voté le 8 août 1849 comme un acte de solennelle réparation par 419 voix contre 136.

Le surlendemain, un décret levait la suspension prononcée contre les magistrats inamovibles et leur ordonnait de reprendre leurs sièges, l'institution des cours et tribunaux était fixée à la rentrée de novembre, tous les chefs de cour étaient convoqués à Paris pour y prêter le serment professionnel et recevoir en quelque sorte l'investiture qu'ils reporteraient aux magistrats de leur ressort. Ainsi, vingt et un mois après la révolution de février, l'instabilité judiciaire, que ses partisans avaient voulu décréter, faisait place au rétablissement dans leurs charges de tous les magistrats suspendus, et le premier président Portails pouvait dire à la magistrature de France assemblée que ce grand acte de consolidation était destiné à avertir les magistrats qu'ils appartiennent à l'ordre social encore plus qu'à l'ordre politique. Entre tous les malheurs qu'entraînent à leurs suites les révolutions inutiles il faut compter au premier rang cette lassitude qui s'empare de l'esprit des hommes et qui les dégoûte des plus sages progrès par crainte du changement. Après la fièvre d'innovation qui porte à tout remuer, tout modifier, tout bouleverser, vient l'abattement pendant lequel on se contente de vivre en attendant l'heure où on se fera gloire de servir. Au délire de six mois qui avait suivi la révolution de février succéda un singulier état de prostration. On était las d'agir ; les réformes judiciaires si sagement proposées par la commission de juin 1849 furent mises de côté : nul n'en demanda la discussion. Il semblait même que le mot de réforme fût écarté pour le punir du vilain rôle qu'il avait joué en servant de ralliement à l'émeute.

De son côté, la magistrature fit peu parler d'elle : elle était heureuse de la renaissance de l'ordre, se laissait aller à son horreur de l'anarchie et contribuait de tout son pouvoir à punir ceux qui tentaient par leurs actes ou leurs paroles de ramener le trouble dans la rue. Elle demeurait ainsi fidèle à cette mission sociale que M. Portails avait définie. Il y avait cependant des lois d'ordre politique dont les magistrats avaient reçu la garde. La constitution de 1848, en instituant une haute cour de justice pour châtier les crimes d'état, avait confié à la cour de cassation un pouvoir redoutable, dont elle devait s'armer, en certains cas, de sa propre initiative ; si le président de la république mettait obstacle à l'exercice du mandat de l'assemblée, s'il tentait de la dissoudre, les juges de la haute cour devaient se réunir immédiatement à peine de forfaiture (art. 68). En votant à la fin de la discussion sans débat presque sans examen cet article de la constitution, l'assemblée prévoyait-elle qu'elle instituait une des seules forces qui trois ans plus tard oserait lutter contre l'arbitraire au nom du droit ?

Le 2 décembre, Paris apprit en s'éveillant que des placards signés du président proclamaient la dissolution de l'assemblée législative. Les places publiques étaient pleines de troupes, le palais de l'assemblée gardé, les généraux et les principaux citoyens jetés en prison ; pendant que tous les hommes de cœur qui faisaient partie de l'assemblée se réunissaient à grand'peine à la mairie du Xe arrondissement et prolongeaient la résistance jusqu'au moment où la force, impuissante à les dissoudre, allait les emprisonner, le palais de justice, que nul des conjurés n'avait songé à faire occuper, voyait se réunir dans l'une des salles de la cour de cassation les cinq juges de la haute cour et leurs deux suppléants. Le crime de haute trahison prévu par l'article 68 de la constitution était flagrant, ils venaient accomplir simplement leur devoir. La haute cour déclara se constituer et, devant nommer en dehors de son sein un procureur-général, elle désigna le conseiller Renouard. L'arrêt multiplié par des presses à lithographier fut sur-le-champ répandu et affiché dans Paris. M. de Maupas, averti trop tard, se hâta de réparer son erreur. Trois commissaires de police, des officiers de paix et un détachement de gardes républicains, commandés par un lieutenant, envahirent la chambre du conseil où siégeait la haute cour et la sommèrent de se séparer, sous peine d'être dissoute par la force et ses membres emprisonnés. La cour protesta et déclara qu'elle ne céderait qu'à la violence. La troupe fit alors évacuer l'enceinte de la justice en chassant de la cour de cassation les sept magistrats fidèles à la loi. Ils se retirèrent chez leur président M. Hardouin et rédigèrent le procès-verbal des faits que nous venons de rapporter. Le lendemain 3 décembre à midi, la haute cour se réunit de nouveau au palais de justice. M. Renouard, auquel avait été notifié l'arrêt de la veille, fut introduit et déclara qu'il acceptait les fonctions de procureur-général. La cour lui donna acte de sa déclaration, puis on délibéra sur les moyens d'agir. Tous semblaient manquer à la fois : la force était armée contre les lois ; les masses étaient indifférentes ou hostiles. Les meilleurs citoyens qui auraient pu se mettre à leur tête étaient à Vincennes, au mont Valérien ou dans les cellules de Mazas. Il fallut s'ajourner : l'acte de courage des membres de la haute cour demeura isolé ; ce fut la protestation impuissante, mais non stérile, du droit vaincu. Il est bon de l'opposer aux défaillances qui ont suivi la victoire.

V

L'attachement aux garanties parlementaires, comme l'amour sincère de la liberté réglée, a été longtemps en France le privilège d'une élite. Il faut de longues années pour que les mœurs se forment. Tour à tour, dans notre siècle troublé, chaque parti, chaque intérêt est forcé de recourir à la liberté, comme à l'unique protectrice de ses droits, et ainsi s'accroît, par la faute même des gouvernements, la base sur laquelle seront assises un jour les institutions libres. En 1848, de sanglantes insurrections ; en 1851, la terreur de l'anarchie avaient porté les coups les plus funestes au gouvernement du pays par lui-même. Le besoin de silence, de repos, d'ordre à tout prix, telles étaient les passions au nom desquelles agissait le président de la république. A la magistrature qui avait été menacée dans son existence pendant près de deux années, qui était chaque jour insultée par les écrivains ou les orateurs de la montagne, il promit la défaite des perturbateurs ennemis de l'ordre et de la société. Dans chaque compagnie, il y eut des magistrats qui répondirent à son appel et qui se déclarèrent prêts à obéir à tous les ordres. L'histoire ne parle pas de ceux qui refusèrent ces consignes de la dictature.

Dans chaque département, alors que depuis plusieurs semaines le calme était rétabli, au commencement de février, un général, un préfet, un magistrat furent convoqués pour désigner ceux que la déportation devait atteindre. Pendant tout l'hiver de 1851 à 1852, on vit se poursuivre cette œuvre d'arbitraire qui devait déshonorer le nom des *commissions mixtes*. On a eu tort de croire que l'ambition avait seule poussé les magistrats ; ils cédaient autant à la terreur de l'anarchie qu'à leur désir de plaire ; mais ils oubliaient, dans cette œuvre extra-légale qu'aucun code ne prescrivait et qu'aucun plébiscite ne pouvait justifier, le caractère indélébile que revêt tout serviteur du droit ; ils abdiquaient leur mission de juges, supérieure à tous les pouvoirs qui passent, pour se faire les dociles instruments de la politique. C'est ce que les vrais magistrats ne leur ont jamais pardonné.

La constitution de 1852, en ne parlant ni des juridictions, ni des magistrats, laissait subsister le principe de l'inamovibilité ; mais en même temps, au fond des provinces, les commissions mixtes proscrivaient des juges et condamnaient à la transportai on des magistrats en déclarant « que l'inamovibilité ne saurait être un refuge. » — Plusieurs furent ainsi chassés de leurs sièges sans que le pouvoir nouveau osât les déférer à la cour de cassation, où un débat contradictoire aurait leur conduite mis au grand jour.

Quel fut le nombre des individus jugés par cette juridiction improvisée ? Dix-neuf ans plus tard, le hasard d'une révolution révéla que 26,000 individus avaient été traduits devant les commissions mixtes, et que sur ce nombre, 14,000 condamnations avaient été prononcées sur des notes informes, sur des rapports de police, sans que les condamnés vissent leurs juges, sans qu'il leur fût permis de présenter une défense, sans qu'une seule des formalités prescrites par nos codes fût observée ; sans que ces commissions politiques eussent l'air de se douter qu'il existait des lois.

Le pouvoir issu du coup d'état n'échappait pas aux conditions inséparables des gouvernements nouveaux : il lui fallait satisfaire ses amis, et ceux-ci le pressaient de profiter de la période dictatoriale pour prendre à l'égard des corps judiciaires des mesures qui, sous l'apparence de l'intérêt public, pussent donner ample satisfaction aux ambitions individuelles. La mise à la retraite des magistrats était de tous les moyens le plus habile : depuis plusieurs années la question était débattue ; on se souvenait des projets qui la fixaient à soixante-dix ans ; on semblait réaliser une pensée déjà ancienne, et d'un trait de plume on rendait vacantes les plus hautes fonctions, au grand profit de ceux dont on voulait récompenser les services. Le 1er mars 1852, un décret fixait la mise à la retraite des membres de la cour de cassation à l'âge de soixante-quinze ans et celle des magistrats des autres juridictions à soixante-dix ans. Le rapport du garde des sceaux démontrait à grand renfort d'arguments que le principe de l'inamovibilité n'était pas atteint par une telle mesure : il lui aurait été difficile d'établir que le membre d'une cour d'appel, approchant de la limite d'âge, n'était pas menacé dans son indépendance et atteint dans sa réputation d'impartialité par la perspective d'une retraite fatale que le bon plaisir du ministre et une nomination à la cour suprême pouvaient changer en un sursis de cinq années. Il n'y eut qu'une voix dans la magistrature pour protester contre les retraites forcées aussi aveugles dans leurs effets qu'injustes dans leur application, différentes suivant qu'elles atteignaient la cour suprême ou les autres juridictions. Mais le but était atteint : la stabilité de la magistrature était diminuée, les nominations et les faveurs plus nombreuses, le renouvellement du personnel issu du gouvernement de Louis-Philippe plus rapide. La magistrature comprit bien vite les conséquences du décret auquel elle était soumise. Quelques années plus tard, une pétition en signalait les dangers au sénat, et le rapporteur, le comte de Casablanca, tout en soutenant que l'inamovibilité n'avait pas été directement violée, était forcé de reconnaître que les mœurs judiciaires avaient été altérées, que la mobilité du magistrat avait diminué son autorité et menacé la jurisprudence, qu'on ne voyait plus le magistrat se fixer et vieillir dans des sièges qu'il ne songeait à abandonner qu'avec la vie. Tant de griefs révélaient, après dix ans d'expérience, la gravité de la situation : la pétition fut renvoyée au ministre, qui nomma une commission dont nul ne put jamais connaître le travail ni les conclusions. Mais le mal subsistait : la magistrature gémissait en silence et elle était heureuse de s'associer à toutes les protestations. Elle lisait avec entraînement l'éloquent écrit d'un ancien garde des sceaux, dénonçant a cette œuvre funeste, aveugle comme une date, inflexible comme un châtiment, épargnant les infirmités qui n'ont pas l'âge, frappant l'âge qui n'a pas d'infirmités. » — « Il allait, disait M. Sauzet, une loi contre les infirmités, on a fait une loi contre la vieillesse, » et il montrait les démentis donnés de toutes parts à la loi par des magistrats honoraires dont on allait consulter les lumières et par le procureur-général à la cour de cassation dont on conservait les services. Les vieillards n'étaient pas seuls à critiquer la loi, et un jeune magistrat faisait honneur à son indépendance et à son nom en signalant le mal dans un discours de rentrée. Tout ce que M. Bérenger disait à la cour de Lyon était vrai : la surexcitation ambitieuse des magistrats avait altéré le respect pour les cheveux blancs.

Pendant qu'en 1852 les intérêts politiques absorbaient l'attention du gouvernement né du coup d'état, et que certains magistrats croyaient devoir faire au nom de la justice une œuvre qui n'en avait que le nom, la masse de la magistrature continuait obscurément sa tâche sans se laisser détourner par les bruits du dehors. Parfois ils arrivaient jusqu'à elle, et cet écho des mouvements extérieurs, en expirant au seuil de son prétoire, servait à montrer qu'en dépit des serments et de la dictature, elle n'était point servile. Le 22 janvier 1852, un décret rendu par le prince président avait « restitué au domaine de l'état les biens meubles et immeubles donnés par le roi Louis-Philippe à ses enfants le 7 août 1830. » Sous l'apparence d'une restitution au domaine, ce décret faisait rentrer la confiscation dans nos lois. L'émotion fut vive : M. Dupin lui-même crut devoir descendre du siège qu'il occupait à la cour de cassation. Trois ministres donnèrent leur démission avec éclat, sauf à rentrer le lendemain aux affaires par une voie détournée ; plus d'un admirateur du coup d'état se demanda, ce jour-là, comment pourrait finir un règne qui débutait de la sorte. Peu de jours après, malgré les résistances matérielles des représentants des propriétaires, les grilles de Neuilly furent forcées par les Agents du domaine. Le droit de propriété était violé : les regards se tournèrent vers la justice. Le gouvernement se hâta de décliner la compétence, en refusant aux tribunaux, au nom de la séparation des pouvoirs, le droit de connaître d'un acte émanant du pouvoir exécutif. Dans un magnifique langage qu'aucun des auditeurs n'a oublié, M. Paillet et M. Berryer répondaient que l'incompétence des tribunaux, si elle était déclarée, serait un déni de justice, et qu'elle ouvrirait la porte à tous les caprices d'un pouvoir sans frein, qu'elle serait le renversement des institutions et des droits les plus fondamentaux du pays, qu'elle placerait en un mot l'autorité d'un seul au-dessus des lois. Le tribunal n'hésita pas et retint la cause : « attendu que les tribunaux étaient exclusivement compétents pour statuer sur les questions de propriété.[1] » — Ce jugement produisit dans toute la France une sensation considérable : le droit se dressait et regardait en face l'arbitraire.

Malgré l'impuissance de la résistance judiciaire, bientôt brisée par le conseil d'état, il est permis de penser que le souvenir du jugement du tribunal de la Seine arrêta dans leur germe plus d'un acte illégal ; il enleva en tous cas au gouvernement le désir de se commettre avec la justice. Les occasions, il faut le dire, étaient assez rares. Juge et partie dans la plupart des cas, le pouvoir maintenait l'ordre, grâce aux moyens que la dictature lui avait fournis. La presse périodique, soumise au régime discrétionnaire des avertissements, n'avait plus affaire aux tribunaux. Seul, le livre avait conservé l'honneur d'avoir encore des juges ; mais les imprimeurs, tenus en respect par le monopole du brevet, refusaient leur ministère. Ce refus d'imprimer formait la plus redoutable censure ; il était rare qu'un écrit de quelque importance vînt rompre le silence morne où se complaisait la nation.

De longues années s'écoulèrent ainsi ; il faut aller jusqu'à l'automne de 1858 pour rencontrer les indices d'un réveil que nous ne pouvons passer sous silence, car il eut une influence directe sur la magistrature. Le gouvernement, irrité d'un article de M. de

[1] Dès le lendemain, un arrêté de conflit dessaisissait la justice et transportait la décision au conseil d'état, où des destitutions vinrent plus tard frapper le vaillant maître des requêtes Reverchon et décimer la minorité courageuse qui avait osé soutenir la doctrine du tribunal.

Montalembert sur le parlement anglais, avait jugé de son intérêt de citer l'auteur devant le tribunal de la Seine. La poursuite avait fait grand bruit. Ceux qui, pressés dans la petite salle d'audience, ont pu entendre ce jour-là M. Berryer et M. Dufaure n'en perdront jamais la mémoire ; mais la condamnation fut sévère ; le tribunal infligea à celui qui avait osé prononcer les mots interdits de régime parlementaire, de contrôle et de liberté un emprisonnement de six mois. La répression satisfit le gouvernement, qui ne cherchait plus qu'à ajouter à la condamnation l'humiliation d'une grâce, lorsqu'un appel vint renouveler le débat et, contre toutes les prévisions du ministère, restreindre la peine à deux mois. Telle était la susceptibilité du gouvernement impérial que cet arrêt produisit l'effet d'une proclamation d'innocence. Les magistrats qui y avaient pris part étaient de mauvais esprits, presque des factieux : la cour était remplie d'hommes appartenant aux anciens partis ; avec elle, le gouvernement était livré à tous les hasards ; l'hostilité des anciens parlements allait renaître, il fallait au plus vite porter remède à un tel mal. On ne pouvait hélas ! épurer la magistrature, — du moins nul n'osait le proposer, sept ans après la fondation de l'empire, — on se décida du moins à épurer une section de chaque compagnie pour former dans toutes les cours, comme dans tous les tribunaux, une chambre quasi-politique, où le gouvernement serait assuré de faire rendre une bonne et prompte justice. Depuis la chute de l'ancien régime, nul gouvernement n'avait osé constituer de commissions extraordinaires : un bon procédé de roulement allait en tenir lieu.

Le décret de 1859 est à ce point de vue l'exemple de ce que l'habileté du pouvoir absolu peut enfanter de plus efficace pour anéantir toute résistance ; à un roulement fait par les chefs et les anciens de chaque compagnie fut substitué le régime autoritaire. Le premier président et le procureur-général dans les cours, le président et le procureur impérial dans les tribunaux préparaient chaque année le roulement, le présentaient à leurs compagnies pour la forme et le soumettaient à l'approbation du garde des sceaux. Grâce à ce procédé, dans les dix dernières années de l'empire, la justice politique fut soumise au régime des commissions [1] ; il suffisait que,

---

[1] Entre une juridiction composée par le procureur-général et le garde des sceaux réduisant à l'impuissance par leur accord le premier président et les anciennes commissions, la différence est imperceptible. Les commissions, qui ont acquis dans

dans un grand tribunal, le gouvernement eût quatre juges, trois, deux même à sa dévotion pour y posséder en matière politique une majorité certaine ; trois ou quatre conseillers lui procuraient dans les cours la même certitude. La chambre correctionnelle, qui risquait de recevoir quelques procès politiques, fut, composée avec une vigilance dont les justiciables sentirent vite le poids. Si quelques magistrats peu enclins à la sévérité s'y égaraient, ils y rencontraient des fanatiques, et dans l'une de ces chambres, à une certaine époque, tel était l'emportement que le magistrat chargé de requérir s'y fît un renom de modération en s'efforçant de tempérer l'ardeur immodérée du président.

Un jour, le corps législatif venait de rendre à la police correctionnelle les procès de presse, M. Berryer fit une sortie éloquente contre cette monstrueuse iniquité du procureur-général, choisissant, au commencement de l'année, les juges devant lesquels il lui convenait le mieux d'amener ceux qu'il poursuivait. En dénonçant la sixième chambre du tribunal de la Seine, en expliquant comment elle était composée, M. Berryer rendait à la magistrature le plus éminent service. Tous ceux qui étaient mêlés à la politique avaient pris l'habitude de juger la magistrature à travers les excès d'une seule juridiction. Il semblait qu'en France il n'y eût plus d'autre justice. Dieu merci ! il y avait, en dehors d'une section de la police correctionnelle de Paris, des âmes libres qui n'aspiraient pas à rendre des services, et qui, loin des faveurs du pouvoir, dans la sphère modeste et parmi les travaux obscurs du jurisconsulte, contribuaient à maintenir le renom de la justice civile. Il était temps que, du haut de la tribune parlementaire rétablie, le mal fut signalé et la méprise dissipée. Rarement l'orateur avait été mieux inspiré : on sentait qu'il était heureux de mettre au service de la magistrature et des lois les derniers échos de sa parole puissante. Le corps législatif était ébranlé. Le garde des sceaux, M. Baroche, dut faire de grands efforts pour ressaisir la majorité, qui inclinait à rendre aux compagnies leurs roulements. Il y aurait échoué si, à bout d'arguments, il n'avait déplacé la question, forcé M. Berryer à parler dans sa réplique des services des magistrats récompensés par la chancellerie, et enlevé la chambre en soutenant que l'orateur

l'histoire une si cruelle célébrité, n'étaient pas composées de gens étrangers à l'ordre judiciaire ; mais il suffisait que les juges fussent triés par le pouvoir pour constituer une juridiction d'exception.

de l'opposition venait d'injurier la magistrature. La parole fut refusée à M. Thiers, comme à M. Segris, et 48 voix se prononcèrent pour rendre à la magistrature les garanties nécessaires. Il est vrai que M. Emile Ollivier et ses futurs collègues avaient voté contre le gouvernement.

Aussi, deux ans plus tard, une des premières mesures dît ministère libéral fut-elle de remettre en vigueur le sage décret de 1820, qui règle aujourd'hui la distribution des magistrats entre les chambres. Toutefois il est juste de reconnaître que le nouveau cabinet fut poussé dans cette voie par l'initiative d'un député qui, dès la fin de janvier, avait présenté au corps législatif un projet de loi sur la magistrature. M. Martel joignait à des convictions libérales fort vives les souvenirs d'une carrière judiciaire qui lui assurait, en ces matières, une autorité reconnue. Les dispositions du projet étaient sages et ne prétendaient à rien bouleverser : assurer la situation des juges de paix, en subordonnant leur choix comme leur révocation à la présentation ou à l'initiative des cours devenues les protectrices de leur indépendance, instituer des conditions d'aptitude à l'entrée de la magistrature, organiser des concours, investir les compagnies du droit de nommer leurs présidents, doter la cour de cassation d'un système de recrutement par cooptation, qui en ferait une académie de droit et de la jurisprudence, élever à soixante-quinze ans l'âge de la retraite, reconstituer la chambre du conseil, détruite en 1856 ; ne confier l'instruction qu'aux juges titulaires et rétablir enfin le roulement de 1820 ; telles étaient les réformes sur lesquelles M. Martel appelait l'attention des pouvoirs publics.

Ainsi, à l'heure où sonnait la chute du gouvernement de 1852, les amis éclairés comme les adversaires de l'empire étaient d'accord pour se préoccuper de l'insuffisance des garanties qui entouraient les magistrats et de la situation mesquine qui leur était faite par la hiérarchie sociale.

Le gouvernement de la défense nationale eut le bon sens de ne point user à l'égard de la magistrature de son pouvoir dictatorial. Comme en 18Ï&, ce fut en province que la délégation, en contact avec les résistances, et voulant sans doute, comme les commissaires de M. Ledru Rollin, exercer une pression sur les électeurs, imagina, à la veille du scrutin, de prononcer la déchéance de quinze magistrats inamovibles qui avaient siégé dans les commissions mixtes.

George Picot

Un plus grand nombre survivaient alors ; mais quinze furent choisis par M. Crémieux. A quel titre ? de quel droit ? Quelle qu'eût été leur faute, elle n'autorisait aucun pouvoir à violer lui-même la loi pour les punir de l'avoir transgressée. Les compagnies se refusèrent à recevoir le serment de ceux qui leur avaient été donnés pour successeurs, et, dès le 3 mars, M. Dufaure présentait au nom du gouvernement un projet de loi qui annulait les décrets de Bordeaux « comme contraires au principe constitutionnel de l'inamovibilité de la magistrature. » Peut-être, disait l'exposé des motifs, le chef du pouvoir exécutif « aurait-il eu le droit de les rapporter lui-même ; mais un grand principe de notre droit public est engagé dans la question ; il n'est pas inutile que vous le proclamiez de nouveau, comme l'a fait l'assemblée constituante de 1848. » Le garde des sceaux n'avait certes pas de tendresse pour les magistrats qui avaient fait partie des commissions mixtes ; il les jugeait avec une rare énergie[1] ; mais à ses yeux il s'agissait, dans cette heure de crise où rien ne semblait solide, de profiter d'une occasion pour écrire d'avance une ligne de cette constitution qui ne pouvait manquer de consacrer plus tard l'inamovibilité.

La commission et l'assemblée furent d'accord avec le gouvernement. L'hommage fut publiquement rendu au principe. Aux réserves et aux doutes de M. Limperani M. le duc d'Audiffret-Pasquier répondit avec une éloquence qui éclatait pour la première fois dans l'assemblée nationale et qui, ce jour-là, servit à la fois à flétrir les complices du coup d'état et à placer l'inamovibilité judiciaire dans une sphère supérieure comme le droit lui-même aux caprices de la politique. (25 mars 1871.)

VI

Nous nous arrêtons à cette première discussion de l'assemblée

---

[1] « Ce n'est pas que le projet que nous vous présentons doive être, dans une mesure quelconque, une justification personnelle des magistrats nommés dans le décret j ils ont oublié les plus saines traditions de la magistrature, lorsqu'ils ont compromis dans des commissions de bon plaisir le caractère honoré dont ils étaient revêtus ; ils ont, contre toutes les règles de la justice, jugé sans connaître, condamné sans entendre, appliqué à des délits sans noms des peines inconnues dans nos lois criminelles. » (Exp. des motifs. *Journal officiel* du 30 mars 1871, p. 337.)

nationale. Nous aurons occasion de rendre plus loin hommage aux efforts tentés depuis dix ans pour résoudre ce grand problème de l'organisation judiciaire. Dans cette période si rapprochée de nous, où tant d'études ont été commencées sans qu'aucune ait abouti, il serait fastidieux de chercher à renouer la suite chronologique de projets avortés. En examinant les réformes mûres que comporte la justice, nous passerons en revue les idées conçues et présentées par ceux des nommes publics qui avaient eu la sagesse d'aborder une tâche qu'il fallait accomplir sans tarder au risque de la voir tomber en des mains indignes.

Ce qu'il importe de ne pas perdre de vue en étudiant le sort et l'organisation du pouvoir judiciaire, c'est le rôle qu'il a joué parmi nous depuis la révolution. Il n'est pas une des formes qu'il a revêtues avant le commencement de ce siècle qui n'offre à la postérité une leçon. Tour à tour électifs ou soumis à la nomination d'un maître, sortis des délibérations d'électeurs choisis ou imposés par la fantaisie irrésistible d'un suffrage d'autant plus violent qu'il était moins libre, les tribunaux qui succédèrent à ceux de l'ancien régime n'eurent le temps de se faire ni une clientèle ni une place dans l'histoire. Étouffés par les désordres de la terreur qu'on pressentait, écrasés bientôt par le fracas sinistre du tribunal révolutionnaire, décimés par lui, chassés par le caprice des sections, ramenés en thermidor, affermis par la nouvelle constitution, puis bannis avec la réaction jacobine de fructidor, nommés par le pouvoir contrairement à toute loi, les juges qui siégèrent pendant ces neuf années nous montrent le spectacle de l'impuissance des institutions fondées sur le sable mouvant des fantaisies révolutionnaires. A cette instabilité qui avait lassé la nation succède un édifice solide dont les lignes étaient harmonieuses et la symétrie parfaite. L'organisation judiciaire est, à vrai dire, sortie des cahiers de 89 ; oubliée par les flatteurs du peuple, elle fut reprise et fécondée par le génie. Elle s'adapta merveilleusement à notre caractère et à nos besoins. Dotée des garanties de l'inamovibilité, la magistrature acquit une autorité et une influence considérables, recueillit dans son sein les esprits les plus distingués de cette vieille bourgeoisie française qui avait fait l'honneur de nos parlements, se montra indépendante sous la restauration, ennemie résolue de l'anarchie à toutes les époques, peu disposée d'ailleurs à se mêler aux passions du dehors, rendant la justice civile avec une impartialité à laquelle tous les partis ont tour à tour rendu hommage, perdant de sa force dans les procès politiques, répugnant à les juger et montrant à ceux qui doutent d'elle, pour un brouillon qu'elle désavoue, dix magistrats menant une vie modeste dans la pratique obscure des vertus de famille et méritant, au milieu du tourbillon de nos villes modernes, d'être oubliés du passant et admirés du philosophe.

Ainsi se perpétuaient les saines traditions d'une magistrature dévouée à tous ses devoirs. On a vu ce que, depuis un siècle, tous ses adversaires ont dit d'elle. Nous n'avons rien caché. L'inventaire de ses fautes est facile à dresser : sortie de la meilleure partie de la bourgeoisie française, elle a partagé à toutes les époques ses croyances comme ses erreurs. Elle a eu comme elle ses jours de puissance ; comme elle, elle a tenu de près au gouvernement du pays ; aussi bien qu'elle, elle connaît aujourd'hui la mauvaise fortune et doit combattre pour conserver intacte la chaîne de la tradition. Elle a lutté sans faiblir contre les violences de l'anarchie, ce que la bourgeoisie, dans nos jours de discordes civiles, a toujours su faire, car, en France, nul ne manque de courage. Elle doit continuer à lutter contre l'esprit de désordre qui veut la détruire, sans que cette lutte pour l'existence la jette hors des sentiers du droit et de la justice, dans les ardeurs d'une réaction aveugle où elle trouverait sa perte. Les juges traversent aujourd'hui l'épreuve la plus redoutable pour les hommes et pour les institutions, l'obligation de se vaincre eux-mêmes et de demeurer en des heures où, en dedans de soi, on sent bouillonner la colère, de fidèles serviteurs de la mesure et de la modération. Ils tiennent leur sort entre leurs mains : qu'ils demeurent des juges et qu'ils ne s'enrôlent pas parmi les combattants.

Le vote qui, malgré d'éloquents efforts, vient de suspendre l'inamovibilité pour un an à l'imitation de la chambre introuvable ne doit pas ajouter à leurs alarmes. Nul doute que le sénat ne repousse une loi que ceux mêmes qui l'ont votée pour plaire à leurs électeurs déclarent tout bas n'être pas viable ; mais il est deux manières pour une chambre haute de répondre en les rejetant aux lois de colère d'une majorité qui écoute ses passions : — Elle peut ne considérer que le texte, le repousser avec dédain et passer à des discussions sérieuses. — Elle peut faire mieux, en substituant à des mesures imbues de l'esprit révolutionnaire une réforme hardie et prudente, digne de l'expérience d'esprits sages et qui constitue de la part du sénat la réplique la plus décisive à l'acte d'impolitique étourderie d'une chambre en quête de succès électoraux.

George Picot

II. L'INFLUENCE DE LA DÉMOCRATIE SUR LA MAGISTRATURE, — LES ÉTATS-UNIS ET LA SUISSE.[1]

Avant d'indiquer, avec autant de précision que le comporte un tel sujet, la nature des réformes qu'il convient de proposer et de soutenir, nous voudrions mesurer quelle est en général l'action de la démocratie sur le pouvoir judiciaire.

Cette recherche paraîtra, nous le savons, un hors-d'œuvre à ceux qui ne voient dans le mouvement qui se déroule sous nos yeux que le résultat d'une politique mauvaise. La vue des maux présents détourne trop souvent de la recherche des causes générales. On trouve commode de saisir du même coup d'œil la faute et ses conséquences. On se plaît à charger un adversaire, un parti, du poids des responsabilités, et on se dispense de toute analyse en répétant, avec un nom propre, une exclamation qui devient le mot d'ordre d'un groupe : « C'est la suite du 16 mai, » ne se lassent pas de répéter certains républicains. — « C'est la faute de M. Thiers, qui aurait pu tout sauver, » répliquent les monarchistes. Cet échange de récriminations ne sert qu'à dispenser chaque parti de faire son examen de conscience. Dans les embarras de l'heure présente, la part des fautes est assurément fort large ; mais ce serait se faire d'étranges illusions que de ne pas voir, au-delà des imprudences et des faiblesses, une cause générale qui précipite notre marche, déplace peu à peu l'axe du pouvoir et qui, en dehors des fluctuations ou des violences des partis, modifie peu à peu, à l'aide du suffrage, l'état de la société française.

Le mouvement démocratique est un fait universel. Dans tous les pays civilisés, la capacité électorale s'abaisse rapidement. A calculer chez nos voisins la vitesse de la progression, il est permis de pressentir que la Belgique, l'Italie, l'Angleterre connaîtront, avant qu'une génération se soit écoulée, quelques-unes des difficultés que nous abordons aujourd'hui.

Ce mouvement est plus ou moins favorisé par les constitutions politiques ; mais il est à noter que, parmi toutes celles que nous avons essayées, aucune ne l'a arrêté. M. Royer-Collard constatait que la démocratie coulait à pleins bords en un temps qui semble

---

1 Voyez la *Revue* du 1er décembre 1880.

l'âge aristocratique de notre siècle. L'empire, — gouvernement de réaction contre la république, qui avait primitivement établi le suffrage universel, — l'empire l'a rétabli et a accordé aux ouvriers des faveurs que des régimes libéraux leur avaient refusées. Il semble donc qu'au-dessus des volontés et des prudences humaines, une loi commune qui ne connaît ni nationalités, ni frontières, donne aux races anglo-saxonnes, latines ou germaniques, une impulsion qui porte les plus humbles à revendiquer une part croissante dans le maniement des affaires publiques. — Assurément la république est une des formes constitutionnelles de cette ascension des classes inférieures, mais elle est elle-même une conséquence et non une cause. Ce fait est si vrai que nul n'a l'illusion de croire que la monarchie, si elle était restaurée, pût un seul instant arrêter un mouvement que les monarchies de l'Europe sont forcées de subir et que ni les deux royautés, ni l'empire dans toute sa force n'ont pu enrayer.

Qu'on observe avec satisfaction ou avec inquiétude cette transformation de nos sociétés, qu'on l'appelle de ses vœux ou qu'on la redoute comme une action mystérieuse, il faut en connaître la nature : la prudence la plus simple nous commande d'observer la démocratie, ses mœurs et ses effets. L'obligation est d'autant plus étroite que partout elle prétend agir sur le pouvoir judiciaire : elle le trouve si intimement mêlé aux sentiments et aux besoins du peuple qu'elle annonce l'intention de le modeler à sa guise. Ceux qui osent parler en son nom assurent qu'elle est résolue à asservir le magistrat comme elle a asservi le fonctionnaire ou le député. A-t-elle donc partout amené avec elle l'oppression ? Nous ne sommes pas les premiers qu'ateint dans le monde le flot démocratique ; qui nous dira ce qu'il a fait ailleurs ? Ainsi que des colons menacés par un débordement subit et qui envoient demander aux anciens du pays comment on se défend contre le fléau, si les eaux du fleuve ravagent ou fécondent les terres, si elles apportent aux riverains la misère ou la fertilité, de même il faut aller demander aux nations depuis longtemps aux prises avec ce phénomène inconnu comment elles le supportent, à quelles conditions elles le contiennent, ce qu'elles ont fait pour tourner à leur profit les forces dont il dispose.

Pour nous livrer à cette étude nécessaire, nous avons choisi les deux pays où le principe démocratique s'est le plus librement développé. Nous avons vu l'un à travers les écrits et les récits de ceux qui le connaissent le mieux. Nous avons tenu à examiner par nos yeux le pouvoir judiciaire chez le peuple qui nous offrait en Europe, sur un théâtre restreint mais complet, le spectacle d'une démocratie maîtresse incontestée du pouvoir. Ainsi, dans les deux hémisphères, nous aurons recueilli sur le même sujet, à travers les mœurs les plus diverses, des enseignements certains sur l'action d'un principe qui est, à n'en pas douter, le moteur de notre mécanisme social.

I

Dans toute fédération il y a deux ordres de pouvoirs : le pouvoir local de chaque fraction de territoire, indépendant dans la sphère de ses attributions, — et le pouvoir central, qui sert à retenir par un lien commun les souverainetés particulières.

Aux États-Unis, de même qu'il existe deux pouvoirs, il y a deux justices :

Celle de chaque état, qui est organisée suivant les modèles variés d'institutions dérivant de même source, appartenant à la même famille, mais ayant subi, suivant le temps et les lieux, des modifications plus ou moins profondes ;

Celle de l'Union américaine, tirant son origine de la constitution, développée par le congrès et en possession d'une compétence définie que font respecter de nombreux tribunaux reliés par une hiérarchie rattachée à la cour suprême. — Ces deux organisations judiciaires sont parallèles ; chacune d'elles se meut dans le domaine de sa compétence spéciale. Il faut les examiner séparément pour voir sortir d'une confusion apparente ce qui fait le caractère propre et la force de ce système.

De l'indépendance des états, du droit qui leur appartient de se constituer librement, de faire à l'aide des assemblées élues des lois auxquelles les citoyens prêtent obéissance, dérive le pouvoir de rendre la justice et par conséquent de créer des tribunaux. Organisées sur un type commun, les cours de justice ont conservé les caractères distinctifs des institutions anglaises : le jury civil et criminel et un petit nombre de juges multipliant leur action par des tournées périodiques. L'esprit de tradition des Anglais s'est conservé dans les détails et jusque dans cette division surannée de la « loi » et de « l'équité, » qui est en déclin sur les deux rives de l'Atlantique ; des commissions de paix, comprenant des *justices of the peace*, notables élus dans chaque commune, une cour de comté ne jugeant que les petits procès et ne prononçant que de faibles peines, une cour supérieure, ou des plaids communs selon les états, dont chaque membre tient des assises, — afin de rendre la justice criminelle, de statuer sur les appels des cours de comtés, de juger en premier ressort toute affaire civile, sauf à faire réviser les procès par tous les juges réunis, — enfin, au sommet une cour suprême de chaque état tenant la main à l'observation des lois et de la constitution locales, telle est la hiérarchie judiciaire qui se retrouve avec peu de différence dans tous les états de l'Union. — Devant ces juges sont portés tous les procès civils et criminels, c'est la justice ordinaire des citoyens américains.

Mais, à côté du droit civil qui protège les individus, il y a dans une confédération le droit constitutionnel qui sauvegarde l'unité nationale. Comment pourrait-il être interprété avec autorité par un tribunal ayant une juridiction limitée à un seul état ? Sur ce territoire peuvent naître des intérêts contraires à ceux des territoires voisins ou opposés à l'intérêt fédéral. Comment éviter que les magistrats ne soient à la fois juges et parties ? où trouver l'impartialité ? Il faut reconnaître que la justice des états particuliers est aussi impuissante à maintenir le pacte commun que le serait la cour du banc de la reine à juger un différend entre la Grande-Bretagne et la Russie. Aux relations des états il fallait des lois et une justice supérieure aux états.

C'est la cour suprême qui en remplit l'office ; sous sa garde a été mise la constitution des États-Unis, qui est la charte de l'Union : les lois générales que vote le congrès sont venues s'ajouter à cette charte. Seule, la cour suprême ne pouvait pas remplir cette mission : aussi est-elle devenue la tête de toute une hiérarchie judiciaire. — Depuis le commencement du siècle, trois juridictions se partagent l'autorité judiciaire fédérale : les cours de district dans chaque état, les cours de circuit présidées par les juges supérieurs en tournée » et, au-dessus de tous, la cour suprême siégeant à Washington.

Pour maintenir efficacement l'Union, la constitution a armé la cour suprême, et ses démembrements de la compétence la plus étendue. Tout ce qui intéresse la conservation de la confédération, tout ce qui est d'intérêt vraiment national est de son ressort. Lutte entre confédérés, interprétation de la constitution, des lois générales et des traités, procès touchant les ambassadeurs, parce que le droit des gens peut y être impliqué, affaires maritimes, parce que les mers n'appartiennent à aucun état particulier : telles sont les matières dévolues à une juridiction maîtresse de sa compétence, habile à en reculer les bornes et n'ayant pas de peine à juger tous les plus grands procès de l'Union en cassant les arrêts des cours suprêmes des états.

A sa tête est le *chief justice* : huit juges (*associate justices*) composent la cour, que complète l'institution du ministère public, vers laquelle marche lentement l'Angleterre. Un procureur-général est chargé de poursuivre et de diriger toutes les instances dans lesquelles les États-Unis sont intéressés. Conseil du gouvernement pour toutes les questions de droit, il a rang de ministre et exerce une charge qui rappelle les fonctions de notre garde des sceaux [1] ; chaque année, le premier lundi de décembre, une session où sont présents les neuf juges s'ouvre à Washington. Ils peuvent juger au nombre de cinq. Mais leur principale fonction est de parcourir individuellement les circuits pour présider des assises. L'Union est divisée en neuf circuits dans lesquels chaque année deux sessions d'assises sont tenues par un des juges, qui statue avec l'aide du jury. Enfin cinquante cours de districts, juridictions fixes et permanentes, sont établies à raison d'une ou deux par état, pour juger en premier ressort les causes civiles et pénales de moindre importance.

Ainsi l'organisation judiciaire, les compétences, le droit lui-même, sont scindés aux États-Unis en deux parts. Il fallait exposer ce système, sans analogue dans l'ancien monde, avant d'examiner

---

1 L'autorité des précédents et du droit dans le jeu des institutions politiques aux États-Unis n'est nulle part plus visible que dans les fonctions d'*attorney general*. C'est le procureur-général que le président et les ministres consultent sur toutes les questions de droit. Ses réponses réunies et publiées forment un volumineux commentaire de la constitution. Elles témoignent de la rare capacité des jurisconsultes qui ont rempli cette charge, aussi bien que du respect que le droit inspire au premier magistrat de la république. — *Official Opinions of the attorneys general of the United States* (13 volumes in-8° ; Washington, 1873).

II. L'INFLUENCE DE LA DÉMOCRATIE SUR LA MAGISTRATURE...

la situation des juges américains, c'est-à-dire le point qui nous touche véritablement.

S'il faut distinguer en Amérique les deux justices, il ne faut pas séparer avec moins de soin les deux ordres de magistrats. Les uns remplissent leur charge jusqu'à ce qu'ils aient démérité, les autres l'occupent pendant un temps fort court. Les premiers sont nommés par les pouvoirs les plus élevés de la confédération, les seconds sont élus par la masse des justiciables. De cette origine différente découlent les caractères les plus opposés. Avant de les décrire, examinons comment cette divergence s'est produite entre deux branches de la justice en un même pays.

La constitution rédigée en 1787 sous l'inspiration de Washington et de ses amis, après avoir fondé le pouvoir judiciaire des États-Unis, déclarait que les jugés tant des cours suprêmes que des cours inférieures « seraient nommés par le président, » avec l'assentiment du sénat. Les auteurs de la constitution, un instant portés vers le choix des juges par le sénat seul, avaient bien vite compris qu'il fallait donner au président de la confédération une initiative que réglerait le contrôle d'une assemblée élue. Ainsi le pouvoir exécutif, dans son expression la plus haute, choisit les magistrats qui interpréteront et appliqueront le pacte fédéral.

La constitution porte que « les juges conserveront leurs charges, tant que leur conduite sera bonne. » Elle proclamait en réalité l'inamovibilité. L'importance de ce principe n'échappait à aucun des hommes d'état qui l'avaient soutenu. A leurs yeux, c'était le fondement de l'indépendance judiciaire, le seul moyen d'assurer au pouvoir régulateur qu'ils entendaient créer dans l'état l'autorité suffisante pour contre-balancer les fluctuations des pouvoirs élus.

A l'imitation du gouvernement central, les différents états confièrent à des magistrats permanents l'administration de la justice. Dans les uns, le gouvernement et le sénat, dans les autres la législature seule choisissaient les juges des cours. Prenons comme termes de comparaison les deux extrémités de la hiérarchie judiciaire et suivants ce qui s'est passé depuis un siècle pour les juges de paix et pour les cours suprêmes de chaque état. Le pouvoir exécutif de l'état nommait les juges de paix, mais les candidats lui étaient présentés tantôt par la chambre des représentants, tantôt par les cours de comtés. Il est vrai qu'en deux états, la Géorgie et la Pensylvanie, les électeurs désignaient directement les candidats au gouverneur. Peu après, dans l'Ohio, le peuple fut appelé en 1802 à élire les juges de paix ; cet exemple ne fut suivi que très lentement, et trois constitutions particulières l'avaient seules imité, lorsque l'état de New-York se décida en 1826 à faire élire les juges de paix. Néanmoins, en 1840, il n'y avait que sept états qui eussent adopté ce système, lorsqu'un mouvement général se prononça en faveur de l'élection de 1840 à 1870. Plus de vingt révisions successives des constitutions locales eurent lieu afin de soumettre les magistrats inférieurs au suffrage populaire.

La durée des pouvoirs des juges de paix subit les mêmes influences : au siècle dernier, ils demeuraient en charge durant leur bonne conduite ; quelques constitutions avaient fixé le terme de leurs fonctions à sept ans, un plus petit nombre à cinq années. Peu à peu les exigences populaires réduisirent la période, et la majorité des états a soumis tous les deux ans les juges de paix à la réélection.

Pour les cours de justice, l'impulsion s'est manifestée plus tard, mais n'a pas été moins générale ni moins violente. A l'origine de la confédération, dans certains états le gouvernement et le sénat, dans d'autres la législature seule, choisissaient les juges. Hors le cas d'inconduite, les magistrats étaient permanents, sauf en trois états. C'est à New-York que nous voyons poindre le mouvement de réaction contre les juges permanents nommés par le pouvoir exécutif. En 1846, leur élection fut soumise au peuple. En dix ans, quinze constitutions avaient suivi l'exemple de New-York, et aujourd'hui il n'y a pas moins de vingt et un états qui ont livré au suffrage populaire l'élection des magistrats.

Si les juges choisis par le peuple étaient montés sur leurs sièges pour n'en plus descendre, l'inamovibilité aurait créé avec le temps une indépendance qui aurait atténué les vices de leur origine, mais la condition des magistrats issus de l'élection est de ne pouvoir demeurer longtemps sur leurs sièges. La souveraineté populaire qui les a créés veut les soumettre à sa dépendance. La perspective de la réélection doit maintenir le juge dans les liens de la servitude en lui montrant le sort qui l'attend, s'il ne conserve pas les faveurs populaires. Les juges dans la première période avaient été institués à vie, c'est-à-dire tant que durerait leur bonne conduite ; bientôt le terme fut réduit à sept ans, puis à cinq et enfin en certains états à deux années. C'est la pente naturelle des démocraties de livrer à l'élection toutes les charges de l'état et d'aspirer à rendre la durée des emplois de plus en plus courte. C'est en même temps le châtiment des nations qui ne savent opposer aucune digue au courant populaire, devoir leurs institutions empoisonnées par la corruption. Les États-Unis n'ont pas échappé à la loi commune. Tandis que les magistrats des cours fédérales, nommés par le pouvoir exécutif sous le contrôle du sénat, demeuraient liés fidèles gardiens de la charte américaine, que leur justice était entourée du respect public, les juges chargés d'administrer la justice locale, issus de scrutins politiques, après des luttes dans lesquelles leur dignité était compromise, devenaient les serviteurs de la majorité, les obligés et les complices des partis. Sont-ce les détracteurs de la société américaine qui s'expriment de la sorte ? Nullement : c'est aux plus éminents jurisconsultes qu'est emprunté ce sévère jugement. Ils nous apprennent que la valeur morale des juges vaut celle des suffrages qui les nomment. De nos jours, on peut diviser aux États-Unis le corps électoral en trois catégories : au sommet, les gens absorbés par leurs affaires qui votent rarement et que dégoûte le spectacle des intrigues électorales ; — à l'autre extrémité de l'échelle sociale, les hommes qui ont fait de la politique un métier, de telle ou telle opinion, la profession souvent lucrative de leur vie, qui multiplient leur action, se prodiguent et acceptent tous les mandats pour faire réussir celui dont ils ont entrepris, parfois à forfait, d'assurer le triomphe. Entre l'élite qui s'abstient et le *politician* qui s'agite, existe la masse de la nation, dans laquelle les ouvriers laborieux, les commerçants actifs l'emporteraient peut-être sur les ignorants et les illettrés, si la foule des émigrants, pleins d'illusions et faciles à séduire, n'était prêté à se jeter dans les bras du premier qui leur promet la fortune. Les *politicians* sont les auteurs des candidatures judiciaires ; ils les prônent et en assurent le succès. Pendant que l'érudit, le jurisconsulte effrayé de ce bruit, cède le pas aux clients inconnus de ces entrepreneurs d'élections, les candidats promenés de comité en comité, de convention en convention, parcourent le pays en sollicitant les suffrages. — « C'est le métier de tout candidat, dira-t-on. Vous faites le procès des élections. » Les élections judiciaires ne ressemblent à nulle autre ; ce qui est nécessaire en une élection politique est intolérable lorsqu'il s'agit d'un magistrat. Suivez le candidat qui le lendemain veut être juge, Écoutez les questions qu'on lui adresse : elles ont toutes trait à l'exercice de ses fonctions ; sera-t-il sévère ? usera-t-il d'indulgence ? appliquera-t-il telle ou telle prescription récemment votée ? prendra-t-il sur lui de la laisser dans l'oubli ? Il faut qu'il s'explique : s'il garde le silence, il est battu. Aussi subira-t-il les questions les moins convenables ; il souscrira volontiers des engagements de ne pas appliquer telle loi impopulaire, et lorsque le lendemain, devenu juge, il pourrait du haut de son siège ne s'inspirer que de son devoir, il se voit rappeler à ses promesses électorales par le comité qui l'a tiré de l'obscurité et qui menace de le rejeter parmi la foule, au jour de la réélection, s'il ne demeure pas l'esclave du mandat qu'il a souscrit.

Entre tous les récits que font les Américains des maux qui sont la suite de ce système il nous est malaisé de choisir. Ici, c'est une entreprise colossale disposant de capitaux énormes, annonçant l'intention d'asservir à ses spéculations les députés et les juges, et parvenant à s'emparer pendant plusieurs années du pouvoir judiciaire aussi bien que du pouvoir politique. Là, c'est une lutte à coups de jugements entre des magistrats au profit de leurs électeurs, cessant d'être des justiciables pour devenir leurs cliens et leurs protégés. En un mot, la corruption chez quelques hommes, la dépendance dans la plupart des cours, la médiocrité à tous les degrés, voilà le résultat du système inauguré vers 1846 et dont gémissent les jurisconsultes américains depuis un quart de siècle.

Si l'on observe avec soin certains symptômes, il est possible d'entrevoir quelques indices d'une réaction contre ces désordres. En 1872, à la suite des scandales auxquels nous venons de faire allusion, une campagne fut entreprise contre les magistrats corrompus de New-York, et leur défaite vint rassurer les honnêtes gens.[1] Déjà, à deux reprises, la législature avait adopté un amendement constitutionnel qui rendait au gouvernement la nomination des juges. L'agitation fut fort vive vers la fin de l'année 1873. Tous ceux qui écrivent, qui lisent et pensent étaient d'accord pour prédire le succès de cette ligue du bon sens ; mais la masse

---

[1] Société de législation comparée. Juillet 1872.

fut docile aux clameurs des politiciens, et 319,000 voix contre 115,000 maintinrent au peuple le droit de vote. Malgré la toute-puissance du nombre, cette minorité fut considérée comme un sévère avertissement qui ne devait pas être entièrement inefficace. En d'autres états, le même mouvement se produisait sous une autre forme. La durée du mandat des juges varie suivant les constitutions locales. De l'exercice des fonctions jusqu'au jour où le juge aurait démérité (*during good behaviour*), la majorité des états en était arrivée à ces termes très courts qui favorisaient les brigues électorales en rendant en quelque sorte les comités permanents. C'est vers 1855 que fut atteint le minimum de durée des fonctions ; stationnaires jusqu'en 1867, il semble que depuis dix ans les termes s'étendent. Huit états ont déjà révisé leur constitution en élevant sensiblement la période du mandat judiciaire. Plusieurs l'ont doublée en la portant de six à douze années. La Pensylvanie a été plus loin en décidant que ses juges, anciennement élus pour quinze années, exerceraient leurs fonctions pendant vingt et un ans. Si l'on tient compte de l'âge auquel on peut être élu magistrat, il en résulte que les juges de Philadelphie sont garantis par une sorte d'inamovibilité.

C'est encore aux mêmes inquiétudes que furent dues diverses précautions contre la tyrannie des majorités. La nouvelle constitution de Pensylvanie, approuvée en 1872 par le vote populaire, adopta pour l'élection des magistrats l'un des systèmes de suffrage préconisés en Europe pour la représentation des minorités. Lorsque deux magistrats doivent être choisis, chaque électeur ne porte qu'un nom sur son bulletin, et de la sorte, la majorité, impuissante à faire nommer deux candidats, est forcée de céder un des sièges à la minorité. La convention constitutionnelle de l'Ohio a examiné la même question en 1873 et l'a résolue par l'adoption du vote cumulatif, qui permet à l'électeur de la minorité de racheter son impuissance en accumulant sur un même candidat tous ses suffrages. Si ces remèdes sont suffisants, les cours suprêmes de Pensylvanie et de l'Ohio ne pourront être la proie d'une seule faction politique.

Il n'est pas surprenant qu'une réaction se produise en un pays où toute la hiérarchie des magistrats que la constitution déclare inamovible rend dans les cours fédérales une justice dont les

Américains sont satisfaits. Cette comparaison perpétuelle entre les deux modes de recrutement et les garanties qui entourent les juges[1] provoque, parmi les hommes de loi et chez tous ceux que n'aveugle point la passion, des réflexions salutaires. Les critiques qui s'adressent aux cours locales sont trop graves pour que l'opinion publique, éclairée par la vue de ces désordres, ne s'applique pas à défendre la justice fédérale. Tout le monde sent d'ailleurs que les cours des États-Unis ne pourraient être livrées aux fantaisies électorales, sans que la constitution, qu'elles ont mission de défendre, fût menacée. C'est ici qu'il devient nécessaire d'expliquer, avec plus de précision, le rôle de la justice fédérale.

Aux États-Unis, la justice est un véritable pouvoir ; dans nos anciennes sociétés, il n'est pas surprenant que plus d'un publiciste ait refusé de reconnaître au corps judiciaire les caractères d'un pouvoir indépendant. Née de la puissance exécutive, vivant de tolérance, lui servant en quelque sorte d'instrument et de conseil, l'autorité judiciaire ne possède, chez les nations du continent, aucun des attributs que comporte sa mission, la plus haute de l'état. Les Américains n'ont pas hésité à les lui donner : en adoptant la formule de Montesquieu, ils ont fait de la séparation des trois pouvoirs une vérité fondamentale. Ils ont remarqué que, par sa nature, le pouvoir judiciaire était le plus faible. Ils ont voulu en faire le plus fort, celui auquel appartiendrait le dernier mot, A l'exécutif, qui dispose des honneurs et qui tient l'épée de la société, à la législature qui, non seulement, est maîtresse du budget, mais qui règle les droits et les devoirs sociaux, ils ont voulu opposer comme un frein le pouvoir de juger. Comme la loi doit être le seul souverain en une république, ils ont considéré qu'au-dessus du soldat, du président, ou des législateurs, devait planer, dans une sphère inaccessible aux intrigues, l'interprète de la loi. Ils ont établi à son profit le plus immense pouvoir judiciaire qui ait été constitué chez aucun peuple. A les entendre, à lire les docteurs de leur théorie constitutionnelle, la république le veut ainsi : les périls qu'elle court ne s'accommodent pas d'un régime de concessions mutuelles où les rapports entre les forces seraient variables. Il

---

[1] Les juges américains des deux ordres conservent leurs fonctions, soit pendant la durée de leurs pouvoirs électifs, soit tant que dure leur bonne conduite. Ils ne sont renversés de leur siège que par la procédure d'*impeachment*, c'est-à-dire par la mise en accusation poursuivie par la chambre des représentons devant le sénat.

faut des lois précises, une constitution claire, et un contrôle qui maintienne d'une main également ferme ceux qui font la loi et ceux qui l'exécutent. Le pouvoir judiciaire a reçu cette grande mission : il est la clef de voûte de la constitution américaine. En faut-il des exemples ? La constitution interdit aux états de voter un statut qui altère les obligations privées. Un état fait-il une loi qui porte atteinte à un droit résultat d'un contrat ? le citoyen lésé saisit le tribunal fédéral. — La constitution défend de faire une loi qui touche en rien à la liberté de la presse. Un statut local diminue-t-il les franchises du livre, du journal ? aussitôt, le tribunal fédéral est saisi. — Les lois rétroactives sont prohibées. Celui qui est condamné en vertu d'une loi pénale rétroactive en appelle. En un mot, toutes les doléances des citoyens lésés par la loi, qu'elle émane du congrès ou de la législature des états, aboutissent aux magistrats fédéraux, qui, les yeux fixés sur la constitution, jugent à la fois les pouvoirs publics, les législateurs et la loi.

Pour une telle mission, quelle force ne fallait-il point donner aux cours fédérales ? La constitution n'hésita pas à rendre permanentes les fonctions de ces juges qui tiennent en leurs mains la, législation politique aussi bien que la législation civile des États-Unis. Malgré le flot montant de la démocratie, malgré la manie du fonctionarisme et les exigences électorales dont le tableau a été tracé, l'inamovibilité des juges fédéraux paraît à l'abri des attaques. Elle a résisté à la malveillance de Jefferson, qui soutenait avec les théoriciens de l'omnipotence populaire que la permanence des fonctions de justice était un vestige de la monarchie. Les jurisconsultes qui font autorité de l'autre côté de l'Atlantique, Story, Kent et avant eux les auteurs du *Federalist*, ont victorieusement démontré que l'inamovibilité, utile en une monarchie pour défendre les droits des sujets contre les abus de la couronne, était indispensable en une république pour protéger les juges contre la tyrannie des factions. Il faut que les tribunaux résistent à ces courants éphémères, se montrent en tous temps armés et résolus contre la licence et qu'ils agissent avec impartialité sans se soucier de la condition du plaideur ou du parti auquel il appartient. Il est admis aujourd'hui en Amérique que le juge a besoin de plus de fermeté pour résister aux caprices injustes de la foule qu'à l'arbitraire du monarque. Dans tout gouvernement, quel que soit son nom, il existe toujours un souverain, disposant de la force, pouvant en abuser et dont le juge doit contenir les fantaisies au nom du droit. Partout il ne peut y avoir de sécurité pour les minorités que grâce au pouvoir judiciaire. Il est le protecteur naturel des faibles, des persécutés, de ceux qui se disent ou qui sont des victimes. Les jurisconsultes de la république américaine ne croient manquer ni à leur parti ni à : leur foi politique en faisant ressortir les difficultés de la tâche qui s'impose aux juges sous une démocratie ! Dans une monarchie, font-ils observer, les sympathies du peuple sont naturellement en éveil contre la tyrannie et elles cherchent à arracher des victimes aux vengeances du maître. C'est la lutte d'un seul contre tous. Dans les gouvernements où la majorité qui obtient le pouvoir passe pour représenter la volonté du peuple, la persécution, surtout lorsqu'elle est politique, devient la cause de tous contre un seul. C'est de toutes les persécutions la plus violente, la plus infatigable, parce qu'elle semble à ses auteurs la seule manière d'atteindre au pouvoir ou de le conserver. L'arbitraire, au lieu d'être personnifié en un seul, est l'arme dont se servent tous ceux qui oppriment au nom du peuple, et tandis qu'on rougirait de servir les caprices d'un maître, on se fait gloire de servir des passions qu'on croit ennoblir en les nommant la volonté du peuple. Sous une démocratie, continuent les Américains, le despotisme peut donc être plus lourd ; il prend plus aisément le masque du bien public, et le despote, unique en une monarchie absolue, devient un corps à mille têtes plus redoutable pour la sécurité des citoyens. C'est dans un tel gouvernement, alors que le peuple est souverain, qu'il faut ménager au juge la plus solide indépendance : les Américains l'ont pensé. Ils savaient que, dans une république, rien n'était plus facile pour des démagogues que de dresser des intrigues contre l'exercice régulier de l'autorité, et que leurs desseins ne pouvaient être déjoués que par la fermeté des magistrats. Ils n'ignoraient pas que les démagogues seraient nécessairement hostiles au pouvoir qui les tient en échec et à l'impartialité qui les condamne. Ils ont compris que la magistrature ne demeurerait pas longtemps à demi organisée en présence du tourbillon des forces démocratiques, qu'il fallait en faire le premier pouvoir de l'état ou la laisser se courber jusqu'à ce qu'elle devînt le jouet des caprices populaires. Ils n'ont pas hésité et des deux justices qui se partagent les États-Unis, l'une a été livrée en pâture aux appétits de la multitude, tandis que l'autre, sauvée par la constitution, sert de recours au droit violé.

Ainsi il semble que dans cette société singulière où déborde la vie, où tous les éléments des passions sociales se rencontrent et fermentent, les opinions qui se partagent les partis de l'ancien monde au point de vue de l'organisation judiciaire aient été laissées libres de faire l'expérience de leurs forces. L'arbitrage et l'élection, idées connexes qu'ont poursuivies parmi nous les radicaux depuis le commencement de la révolution, ont éternisés en pratique dans la plupart des cours d'état ; les tribunaux sont devenus à tous les degrés des arbitres élus ; et comme les électeurs, sans biens, sans intérêts personnels, sont persuadés qu'ils n'auront besoin de la justice que pour échapper aux obligations légales, ils choisissent les juges les plus enclins à énerver la loi et à les affranchir de son joug. En face de cette justice se dressent ces vrais jurisconsultes, ennemis nés d'une démagogie jalouse de toute supériorité, résistant à ses assauts, plaçant leur inamovibilité sous la sauvegarde de leur science, et ne s'occupant que de l'application du droit en demeurant supérieurs à tous les partis. Ce double spectacle frappe en Amérique tous ceux qui pensent ; il ne doit pas être perdu pour les sociétés aux prises avec les périls d'une démocratie qui ne connaît ni bornes ni obstacles.

II

L'organisation judiciaire de la Suisse est peu connue, parce qu'elle varie suivant les cantons. Sa diversité décourage, et on recule devant la longueur d'une étude qui ne paraît pas en rapport avec l'exiguïté des territoires affectés à chaque juridiction. Puis, en France, que d'esprits légers qui, enflés par le spectacle de notre colossale unité, considèrent avec quelque dédain les petites nations ! Pourtant, dans la conduite et le gouvernement des hommes, il n'y a ni petits peuples ni petits problèmes : partout où se développe une institution fécondée par l'action de volontés libres, il y a une leçon à recueillir.

La première surprise d'un Français est de voir la justice abandonnée en ce pays à la législation cantonale. Les Suisses pensent que, s'il est indispensable de soumettre à un commandement et à une impulsion uniques l'armée, les travaux publics, le commerce et les chemins de fer, la fonction de juge s'accommode fort bien de la diversité. Dans le reste de l'Europe, la justice est venue du roi. En Suisse, elle est issue de l'arbitrage. Elle émane donc des citoyens, et ce n'est pas le signe et l'instrument de l'unité nationale. De ce principe différent découle tout ce qui va suivre. Les Suisses se préoccupent moins d'une bonne justice que d'une justice qui satisfasse les parties ; suivant eux, la confiance inspirée au justiciable est la première qualité du magistrat. Où nous cherchons des garanties dans les règles législatives uniformes, ils les font reposer tout entières sur l'assentiment commun des habitants du canton dont les juges doivent régler les intérêts. Aussi, à tous les degrés, le peuple a-t-il foi en ses juges.

Cette confiance est en partie fondée sur l'ancienneté des institutions locales. Chaque canton est attaché à son système judiciaire, parce qu'il en retrouve soit les lignes générales, soit tel trait particulier dans sa plus lointaine histoire. Aussi l'esprit centralisateur qui s'agite dans la confédération, comme en toute l'Europe, n'a-t-il pas encore osé s'attaquer à la justice cantonale. Il l'a laissée intacte, en se bornant à instituer un tribunal fédéral pour les affaires politiques et pour les procès intéressant divers cantons dont aucun ne pourrait être juge en sa propre cause.

Nous ne pouvons ici parler séparément du système suivi dans les vingt-deux cantons. Il faut nous contenter d'indiquer les traits généraux. A première vue l'organisation judiciaire de la Suisse a une certaine analogie avec la nôtre : au centre du canton, un tribunal de cassation, puis une juridiction d'appel, plusieurs tribunaux de première instance parsemés dans les petites villes, enfin au-dessous, répandus dans les bourgades rurales, des juges de paix ; tous ces noms répondent à nos idées françaises. Il est vrai que ces juridictions sont resserrées dans des limites territoriales dont nous n'avons pas d'exemple : un tribunal de cassation pour un canton de 100,000 âmes, un tribunal de première instance pour 7 à 10,000 habitants, un juge de paix pour 1,200, choquent nos habitudes.

La démocratie suisse ne s'accommode pas seulement de ce régime : elle y tient fortement. Elle y voit la conservation d'anciennes coutumes auxquelles les plus humbles sont attachés, et surtout l'application de ce système de morcellement qui rapproche chaque habitant du pouvoir, le fait participer aux affaires publiques, l'associe à la justice, d'aussi près que dans nos campagnes il est associé à l'administration municipale et l'élève jusqu'aux intérêts généraux en lui donnant souvent la charge des intérêts particuliers.

Au premier degré de l'échelle judiciaire se trouve le juge de paix, dont le rôle diffère suivant les cantons ; tantôt juge comme en France, tantôt n'ayant aucune attribution judiciaire, et chargé seulement d'éteindre les querelles. Alors il change de nom et, sous le titre de conciliateur, il en remplit la mission officieuse, sans qu'elle l'empêche d'exercer une fonction judiciaire plus élevée : souvent le conciliateur dans sa commune est juge de première instance dans son district.

Dans une nation où un canton est un état indépendant, il est naturel que les moindres agglomérations tiennent à jouer un rôle : chaque village veut posséder sa justice de paix, chaque bourg son tribunal en plein exercice. Genève et Bâle sont les seules villes qui par leur importance aient absorbé tout le canton. On sait le mot de Voltaire disant que, lorsqu'il secouait sa perruque, il poudrait toute la république. Il est aisé de comprendre que plusieurs tribunaux ne se soient pas maintenus sur de si petits territoires, aux portes d'une ville dont ils devenaient les faubourgs. Partout ailleurs, les cantons sont divisés en de nombreux districts judiciaires possédant chacun un tribunal. Les Vaudois en ont dix-neuf ; pour une population très inférieure (136,000), Lucerne en a autant. Les projets de réduction présentés en ces dernières années sont venus se heurter contre un attachement invincible aux justices locales. Si on enlevait un tribunal à une petite ville, les Suisses croiraient qu'on leur arrache le signe extérieur de leur indépendance. Les habitants de la ville dépouillée de son tribunal se trouveraient aussi humiliés que si, en France, une de nos communes rurales devait dépendre, pour la gestion de ses intérêts, du conseil municipal élu par la commune voisine.

Aussi, justice locale morcelée, faisant partie des coutumes de chaque ville, voilà ce que l'on trouve dans la plus grande partie de la Suisse. Partout, la justice de première instance est rendue par trois juges : tantôt ils appartiennent au siège comme en France ; tantôt le président seul y est attaché, les deux présidents des sièges les plus voisins lui servant d'assesseurs. Ce système, en usage dans le canton de Neuchâtel, donne d'excellents résultats. Aux justiciables il offre les mêmes garanties sans accroître inutilement le nombre des magistrats.

A ne considérer que la nature des institutions, il semble que le jury civil eût dû pénétrer et s'acclimater en Suisse ; on le chercherait en vain, d'où il ressort que les jurés ne sont pas les juges nécessaires dans toute démocratie. Quand les magistrats issus d'une. délégation supérieure sont nommés par la puissance exécutive, le peuple réclame sa part dans l'administration de la justice et veut placer des jurés auprès des juges pour contre-balancer leur pouvoir. Lorsqu'au contraire les magistrats sortent de la nation et en dépendent, le peuple, qui contrôle à tout instant la justice, se repose sur eux d'une fonction qui viendrait accroître sans profit ses charges. Certains cantons possèdent le jury criminel, même le jury correctionnel et les conservent, d'autres se contentent de leurs juges ordinaires et tiennent les jurés pour inutiles.

En Suisse, les magistrats sont mêlés au peuple comme des jurés. Ils en émanent et rentrent incessamment dans son sein. Il en résulte que le jury ne rencontre pas chez nos voisins l'admiration que leur ont vouée les races anglo-saxonnes. Nulle part on n'entendrait un Suisse qualifier emphatiquement le jury, comme un Anglais ou un Américain, de « palladium des libertés publiques. » Le jury n'a pas sauvé la liberté suisse. Une situation spéciale de la magistrature a créé en ce pays et sur ce point des idées qui n'ont pas cours dans les autres démocraties. En Suisse qui parle de l'indépendance judiciaire veut parler de l'impartialité des juges, non de leur liberté de s'affranchir entièrement des sentiments du peuple. Quand les magistrats se font exclusivement les serviteurs, de la loi contre le peuple, on change la loi. Genève en a donné un frappant exemple : on y avait établi le juge unique. Il y a quelque années, on se mit à redouter son pouvoir : lorsqu'on chercha un contrôle, le peuple ne tourna pas les yeux vers le jury, mais vers les assesseurs, sortes de jurés permanents remplissant pendant un temps limité les fonctions de juges, sans être plus capables ni beaucoup plus responsables que des jurés, ayant par rapport à eux cette infériorité de demeurer immobiles en une place où ils risquent de représenter bien plus les passions politiques qui les ont choisis que le fonds commun du bon sens public. Quand le juré devient permanent, c'est signe qu'il perd son indépendance. Or un assesseur n'est qu'un juré permanent : il n'a pas le titre de juge et il en exerce les fonctions ; il n'a fait aucune étude spéciale, il n'a pas de responsabilité, il est le délégué du peuple auprès de l'homme instruit qui juge. Par la nature même de sa mission, il est condamné soit à opprimer la justice, soit à être annulé par le magistrat. On dit qu'à Genève le juge, dont les assesseurs devaient corriger la rigueur, a triomphé de leur influence, qu'habitué aux formes de la procédure comme aux règles de la loi, il n'a pas eu de peine jusqu'ici à faire prévaloir son opinion. Les assesseurs en s'effaçant ont donc bien mérité de la justice ; mais n'est-il pas à craindre qu'ils sortent de leur abstention le jour où les passions de la place publique auront intérêt à étouffer le droit ?

A côté des tribunaux de district ou de première instance, il existe dans certaines parties de la Suisse des juridictions spéciales nées d'un intérêt particulier ou issues d'une antique tradition. Tels sont à Bâle le tribunal des orphelins, le tribunal des constructions ; à Neuchâtel, les tribunaux d'arbitrage industriel ; dans d'autres cantons, les tribunaux de commerce, les cours réservées aux causes matrimoniales, aux affaires de tutelle. — Ces institutions, parallèles aux tribunaux de première instance, n'altèrent en rien l'unité de l'organisation. Lorsque l'appel est ouvert, tous les recours sont portés devant le tribunal supérieur, qui est le même pour tous les justiciables.

Suivant les cantons, le tribunal d'appel porte des noms différents : cour suprême à Berne ; cour d'appel et de cassation à Neuchâtel ; cour de justice civile et criminelle à Genève ; tribunal d'appel à Bâle ; c'est en réalité et partout une seule et même institution, à laquelle les Vaudois ont donné sa véritable dénomination en le nommant simplement tribunal cantonal. Chargé d'exercer une surveillance constante sur l'administration de la justice, de vider en dernier ressort les appels, de connaître des recours en cas de violation du droit, ce tribunal est investi dans la plus grande partie de la Suisse des attributions d'une cour de cassation. Cette juridiction réunit les attributions d'une cour supérieure et d'une cour régulatrice et constitue la plus haute expression de la justice dans chaque canton.

George Picot

Dans une confédération, il ne suffit pas que chaque territoire ait organisé dans son sein une hiérarchie judiciaire complète pour que la justice soit également garantie à tous. Une autorité légale supérieure aux cantons, nous l'avons remarqué en étudiant les États-Unis, peut seule mettre fin aux débats entre confédérés des divers territoires. Tel est le point de départ du tribunal fédéral réorganisé en 1874 et régissant les intérêts mixtes.

A l'origine de la confédération et pendant cinq siècles, tous les différends entre les confédérés étaient soumis à une justice arbitrale. « Les alliances » qui étaient la base du droit public et réglaient les rapports des cantons, contenaient une promesse de déférer les contestations à des arbitres. En vigueur jusqu'à la révolution française, ce système fut écarté pendant la période unitaire pour reparaître en 1315. Mais le nombre des questions mixtes augmentait avec les relations mutuelles ; l'arbitrage permanent donna naissance au juge en titre, et, en 1848, du consentement de tous les cantons, le tribunal fédéral fut constitué. Composé de onze juges et de onze suppléants, afin que chaque fraction de la confédération fût représentée, le tribunal fédéral connaissait des litiges entre cantons, des débats entre un canton et le pouvoir central, mais les affaires politiques et celles engageant une question de droit public étaient réservées à l'assemblée fédérale. On soumettait de la sorte à une autorité purement politique les matières mixtes et on les livrait aux intérêts de parti qui altèrent trop souvent la notion du droit : c'était compromettre gravement la justice. Des protestations s'élevèrent de toutes parts : les esprits sages s'accordèrent à demander qu'il n'y eût plus en Suisse de décisions qui pussent échapper à l'empire du droit et que désormais l'autorité judiciaire connût de toutes les violations de la loi.

En 1874, le tribunal fédéral conquit enfin ce terrain, qui est son domaine naturel, aux applaudissements du peuple, dont la liberté se trouva dès lors placée sous la protection de la justice : conflits de compétence entre les autorités fédérales et les autorités cantonales, différends entre cantons, réclamations des citoyens pour violation des droits qui leur sont garantis soit par la législation fédérale, soit par la constitution de leurs cantons : telles sont les attributions principales de cette cour suprême qui est juge de sa propre compétence et qui embrasse, par conséquent, dans son domaine exclusif, l'ensemble du droit fédéral.

Le tribunal fédéral siège à Lausanne. On a voulu qu'il délibérât loin de Berne, où se tiennent les chambres et où s'agitent les influences politiques. Il est composé de neuf juges et de neuf suppléants, élus par les deux chambres réunies en assemblée fédérale. La durée des fonctions est de six années. Il vient d'achever la première période de son existence, et cette expérience, d'un avis unanime, lui a été favorable. Sa jurisprudence a été sage et ferme : elle a éclairé certaines parties du droit public, et le pouvoir exécutif est demeuré indépendant dans son action, sans que, pour atteindre ce résultat, nul ait pensé à paralyser la justice ou à la dessaisir. Les Suisses sont satisfaits de leur cour suprême. Les partisans les plus déterminés du canton, qui ont si longtemps retardé la formation de ce tribunal, n'élèvent pas de critiques, et si les choix de l'assemblée fédérale continuent à se porter sur des jurisconsultes entourés du respect de tous, s'ils ne se détournent pas pour satisfaire des intérêts de parti vers des hommes engagés dans les luttes politiques, le tribunal fédéral aura franchi victorieusement l'un des écueils les plus redoutables que rencontre son institution. Toutefois il ne faut pas se le dissimuler : l'élection par la législature et plus encore la courte durée des fonctions en demeureront les vices originels. Il est à craindre que, dans l'avenir, la perspective de l'expiration des pouvoirs n'affaiblisse, aux approches du terme, l'indépendance des juges, que de grandes causes tenant en suspens l'opinion publique ne soient volontairement ajournées par une sorte de déni de justice pour ménager les membres de l'assemblée fédérale et obtenir leurs voix. Ce sont là, à coup sûr, des hypothèses ; mais la forme de l'élection autorise ces craintes, et elles deviendront d'inévitables réalités quand cette juridiction sera composée d'hommes moins fermes.[1] Tel qu'il fonctionne depuis six ans, le tribunal fédéral marque un progrès dans le développement constitutionnel de la Suisse et donne un organe à la justice définitive, qui est le but de toute société et l'impérieux besoin d'une démocratie.

Le mode de nomination des juges, est, on le sait, le problème le plus ardu qui s'impose aux peuples libres. Il est toutefois

---

1 Le 7 décembre 1880, tous les membres du tribunal fédéral viennent d'être réélus. Cet hommage à des magistrats éminents fait le plus grand honneur aux corps politiques.

George Picot

un premier principe sur lequel nul n'élève de contestations. L'indépendance des hommes qui sont investis de la mission de juger est la qualité éminente que cherche à obtenir toute société réglée. Toutes les nations poursuivent à la fois la solution de ce problème : les unes confient au pouvoir exécutif la nomination des magistrats ; les autres préfèrent la donner au peuple directement ou à ses mandataires. Les Suisses sont partisans de ce dernier système. Pour nous qui avons toujours vu le pouvoir exécutif investir les juges, la surprise est profonde et nous nous sentons plein de défiance. Examinons d'abord comment les différentes constitutions helvétiques ont appliqué cette méthode, nous aurons soin de distinguer les résultats par rapport à la Suisse et la valeur réelle du système.

Dans quelques petits cantons, le peuple gouverne directement ; la population est assez restreinte pour qu'une assemblée contienne tous les électeurs, et lorsqu'aux premiers jours du printemps le voyageur qui descend les pentes du Saint-Gothard voit dans la vallée d'Uri ou d'Untervald une foule pressée autour de quelques hommes, il peut se dire qu'en ce champ de mai il a devant les yeux le spectacle unique, dans les temps modernes, d'un peuple réuni, tout entier, pour délibérer sur ses propres affaires, écouter ses chefs, apprécier leurs actes, et renouveler leurs pouvoirs ; le jour même où il choisit les autorités qui régiront pendant l'année le canton, il élit ses magistrats. Mais les limites étroites du territoire, le nombre restreint des habitants, leurs mœurs pastorales les rejettent si loin de notre civilisation qu'on doit regarder cette application de la démocratie pure comme une épave du passé et non comme un exemple de l'avenir. Il faut sortir des gorges sauvages de la Reuss pour retrouver avec les horizons élargis le mouvement commercial et industriel qui fait la prospérité des cités.

Descendons vers Herne et Lucerne : nous trouvons les juges élus par le peuple, non en assemblée générale comme dans les petits cantons, mais par un scrutin auquel prennent part tous les électeurs habitant depuis plus de trois mois la juridiction. Le système de vote est le même pour les juges de paix et pour la formation du tribunal de district ; seulement, tandis qu'à Lucerne le président est choisi par les électeurs, à Berne, le pouvoir législatif le désigne sur la présentation séparée de la cour suprême et du peuple, ce qui donne aux capacités une plus grande chance de parvenir. La cour suprême n'est pas issue de la même source. L'assemblée politique du canton, qui porte dans presque toute la Suisse le nom de grand conseil, est chargée dénommer, dans la plupart des cantons, les magistrats qui composent le tribunal supérieur. C'est, à vrai dire, une élection à deux degrés, les députés directement élus devenant les électeurs des juges.

Ainsi, suivant l'importance de la juridiction, la constitution a eu recours à l'élection par le suffrage populaire ou par les députés.

Plus on s'avance vers la frontière française et plus devient rare l'intervention directe du peuple. A Neuchâtel, les juges de paix sont encore choisis par les électeurs locaux ; mais les autres juridictions émanent du grand conseil et sont instituées pour trois ans. A Genève et à Bâle, les magistrats de tous ordres sont élus par l'assemblée politique.

Dans le canton de Vaud, l'organisation est plus compliquée : elle mérite quelques détails. Le tribunal cantonal a de tout temps été choisi par le grand conseil. Autrefois le pouvoir exécutif, issu de l'assemblée législative et portant le nom de conseil d'état, se réunissait au tribunal supérieur et de leur délibération commune sortait le choix des magistrats du canton. Ce mode de nomination, qui est encore en vigueur à Fribourg, souleva des critiques : les riches campagnards, dont l'influence dominait dans le grand conseil, formant à la fois le conseil d'état et le tribunal cantonal, étaient maîtres du pouvoir judiciaire. Il se fit un mouvement d'opinion : l'opposition promit au corps électoral de lui donner l'élection des magistrats. Lorsqu'elle eut triomphé, grand fut l'embarras, nul ne songeait à établir l'élection directe comme à Berne ou à Lucerne ; on s'arrêta à un système mixte, en donnant au peuple la formation de listes de capacités judiciaires dressées par communes, à raison d'un élu pour cent âmes d'habitants. Sur ces listes fort longues, ce n'est pas le grand conseil, mais le tribunal cantonal qui choisit, dès qu'il est institué, les membres des tribunaux et les juges de paix. Les candidats qui ne sont pas pourvus d'une charge forment la liste annuelle du jury. De la sorte, l'action du pouvoir politique ne s'exerce, que sur le choix du tribunal supérieur, et le peuple prend part à la nomination, moins par une désignation directe que par l'exclusion des candidats qui n'ont pas sa confiance. D'ailleurs des précautions ont été prises pour prévenir l'intolérance de la majorité : chaque électeur ne peut inscrire sur son bulletin que la moitié des candidats que sa commune doit nommer ; grâce à ce système, dont les politiques sourient en le traitant d'ingénieux, la minorité est toujours représentée sur la liste.[1] Nous n'avons pas ouï dire qu'une omission injuste ou passionnée ait été signalée depuis treize ans.

Ainsi, dans les cantons de la Suisse, le peuple désigne ses magistrats, soit directement dans une assemblée générale, soit par voie d'élection au premier degré, soit encore par les députés qu'il nomme, ou enfin en excluant ceux qu'il ne veut pas pour juges.

La première objection qui vienne à l'esprit d'un Français en étudiant cette organisation, c'est la confusion qui semble inévitable entre la justice et les passions politiques. Des trois pouvoirs qui pourvoient en Suisse aux nominations, le tribunal cantonal seul le rassure, l'assemblée politique l'inquiète, le peuple l'alarme. Les Suisses n'éprouvent pas au même degré ces craintes. Ils ont grande confiance dans le bon sens des électeurs : à ceux qui seraient tentés de douter ils montrent leurs magistrats. Voyons-les donc avec eux et commençons par ceux de Berne, de Zurich et de Lucerne, élus directement par le peuple.

Les juges de paix sont des paysans choisis parmi les notables de la commune. C'est le plus souvent un homme âgé qui a montré du bon sens dans la conduite de ses affaires et qui a inspiré confiance à ses concitoyens. Il prend au sérieux son rôle de conciliation et se fait écouter autour de lui. Le juge de première instance devrait être un juriste, mais on estime que la moitié seulement des places est remplie par des hommes ayant fait des études juridiques : le reste est composé de juges de paix dont l'expérience a été la seule préparation, de notaires ou d'avocats versés dans la pratique, de simples citoyens dont l'esprit judicieux a inspiré confiance dans le district. Les Suisses assurent que, dans la plupart des cantons, ils ne se laissent pas guider en nommant les magistrats par l'esprit de parti et qu'à-peu de jours d'intervalle, le vote étant ouvert pour l'élection d'un député et pour le choix d'un juge, les électeurs, lors

---

[1] Pour être nommé, un candidat doit avoir obtenu le quart des voix exprimées. Celui qui ne réunit pas ce chiffre est si évidemment impopulaire que nul ne peut regretter qu'il ne soit pas magistrat.

du second scrutin, savent repousser les suggestions de la politique.

Dans les cantons où la lutte des partis atteint un certain degré de violence, on ne dissimule pas que les dernières élections judiciaires ont été purement politiques. Dans les procès où pouvaient reparaître les griefs du candidat, on a vu la justice s'éclipser pour faire place à la rancune ; toutefois les partis vaincus reconnaissent, non sans surprise, que les procès civils ne souffrent pas jusqu'ici d'un état de choses qui alarme bien plus les penseurs que la foule des citoyens. Du moment où les électeurs sont investis du droit d'élire leurs juges, l'entraînement est d'ailleurs invincible. On nous a cité un district où les élections judiciaires n'avaient jamais été politiques : une transaction, qui avait eu lieu d'ancienne date entre les partis, était fidèlement observée ; mais en 1875 les élections de députés avaient été chaudement disputées ; les deux partis se balançaient presque exactement. Deux ans plus tard, il fallait nommer les juges. Chacun était impatient de savoir si l'un des partis avait fait des progrès. On n'écouta que l'intérêt politique, et de l'urne sortit pour la première fois un tribunal n'appartenant qu'à une seule opinion. Les Suisses assurent que ces faits sont très rares, et ils aiment à citer de nombreux districts où, la direction des affaires étant passée des libéraux aux radicaux, le magistrat libéral fut confirmé dans son mandat à une grande majorité, nonobstant le revirement politique. Malgré ces symptômes contradictoires, malgré ces injustices du scrutin qui ne sont que de rares mais significatives exceptions, les Suisses assurent que, du suffrage populaire émane, dans la plupart des cantons, un corps d'hommes remplissant suffisamment leur tâche, quelques-uns d'une valeur réelle, le plus grand nombre d'un niveau médiocre, mais échappant partout à la corruption. Aussi la réélection des jugés, lorsqu'est expiré leur mandat, est-elle entrée dans les mœurs de la Suisse : à Zurich, à Berne et à Lucerne, on assure qu'il faudrait un démérite flagrant pour qu'un juge ne fût pas maintenu en charge.

Dans les cantons où le grand conseil fait les choix, nous avons trouvé les jugements les plus contraires sur la valeur des hommes ; mais il paraît certain que le jeu des partis dans l'assemblée politique, plus vif en un champ plus étroit, exerce une influence trop grande sur le choix des juges. On cite, il est vrai, quelques traits de la sagesse des grands conseils : à Zurich, après l'évolution démocratique de 1869, les radicaux n'ont pas songé un instant à priver les libéraux de la moitié des sièges qu'ils occupaient de longue date dans le tribunal cantonal. A Bâle, un président, appartenant au parti conservateur, était mort récemment après trente-quatre années de fonctions durant lesquelles la majorité du grand conseil était radicale. A Lausanne, les radicaux disposaient d'une majorité formidable : ils avaient, l'année précédente, composé le conseil d'état à leur gré ; ils se proposaient de renouveler entièrement le tribunal cantonal, lorsqu'au jour du scrutin une opinion moyenne, dont ils ne soupçonnaient pas la puissance, a maintenu en charge les magistrats conservateurs. Mais quoi qu'en puissent dire les plus satisfaits, ces exemples sont rares : le soin avec lequel on les cite révèle une exception. Trop souvent les tribunaux reçoivent, comme en un asile, les candidats malheureux du parti vainqueur.

Dans plusieurs cantons, les magistrats peuvent être députés, et le cumul achève de mêler la politique et la justice. Il y a des cantons où plus de la moitié des présidents de districts siège au grand conseil. Les esprits sages déplorent une telle confusion ; mais elle se retrouve à tous les degrés : en certains districts, il n'y a presque pas de juges qui ne soient maires de leur commune ; la loi n'interdit aux maires que les fonctions de président. Ce rapprochement d'attributions ne choque pas les Suisses : il faut trouver la raison de ce fait dans leur histoire, où le pouvoir municipal et le pouvoir judiciaire ont toujours été si intimement mêlés.

Il n'y a pas une juridiction, quelqu'élevée qu'elle soit, qui échappe en Suisse à ce contact de la politique. Le tribunal fédéral, dont les juristes louent la jurisprudence et dont la confédération apprécie la sagesse, n'évite pas cet écueil : issu du vote des deux chambres réunies tous les six ans en un congrès pour le nommer, il a été constitué à la suite d'un accord des partis. Qui pourrait en faire un grief spécial aux Suisses ? N'est-ce pas ainsi que notre conseil d'État a été formé en 1872 ? La lutte des partis a-t-elle respecté la magistrature administrative qu'il s'agissait de constituer ? C'est le sort commun des institutions et des hommes qui les -composent de porter la trace de leur origine. Il reste à savoir laquelle s'efface le plus vite de la marque apposée par une assemblée politique ou par un seul homme issu lui-même de la politique, ministre pour quelques jours, et dont la responsabilité individuelle est non moins illusoire que la responsabilité collective d'une assemblée. Ce qui est vérifié par l'expérience, c'est que l'empreinte, dans l'un et l'autre cas, ne disparaît que si le magistrat est permanent et inamovible.

Il est vrai que certaines constitutions cantonales ont cherché à écarter de l'organisation judiciaire l'influence fatale de la politique. Quelques cantons, pour éviter le contre-coup direct des passions populaires, ont ajourné les élections judiciaires à la deuxième année qui suit l'élection de la législature. Aussitôt après la formation de l'assemblée politique, les députés emploient leur première ardeur à la formation du pouvoir exécutif ; puis, l'année suivante, quand le feu des élections est éteint, le grand conseil procède à l'élection des magistrats. Chacun des partis présente sa liste : au premier tour, on mesure ses forces, en ne portant que des amis ; puis, avant le second tour, on transige sur quelques noms, et grâce à cet accord, le tribunal contient deux ou trois juges portés par la minorité. A Lucerne, on a mis un intervalle de deux années entre les élections judiciaires et les élections de députés pour laisser les ardeurs se refroidir, mais c'est une vaine précaution : elles se raniment à l'approche du scrutin, et le candidat, le voulût-il, serait impuissant à empêcher les brigues qui naissent de la compétition des partis.

Si l'inamovibilité existait en Suisse, la nomination par les grands conseils, telle qu'elle y est pratiquée, perdrait quelques-uns de ses dangers. Mais le magistrat qui est le produit d'une élection politique ne peut oublier un seul jour la source de ses pouvoirs : il pense qu'au bout de peu d'années son mandat devra être renouvelé ; il s'en inquiète, il lui est impossible de ne pas songer aux députés dont il dépend, au peuple dont la défaveur peut marquer le terme de ses fonctions. Certains cantons ont cherché à restreindre cette pernicieuse préoccupation du juge, en prolongeant la durée de son mandat. A Bâle, il est de neuf ans, et tous les trois ans un tiers du tribunal est soumis à la réélection. A Berne, les fonctions de la cour suprême durent huit années, les élections d'une moitié des juges ayant lieu tous les quatre ans. Dans la plupart des autres cantons, le terme est de quatre années et coïncide avec la réélection du grand conseil. A Neuchâtel, où les députés sont élus tous les trois ans, le mandat des juges est restreint à ce terme. A Genève, où le grand conseil n'est élu que pour deux ans, on a reculé devant une durée aussi courte, et une seule législature sur deux est investie du soin de renouveler les corps judiciaires. Les Suisses sentent eux-mêmes combien est vicieuse une si fréquente réélection. Aussi nous n'avons trouvé ni un jurisconsulte, ni un homme politique qui demandât de transférer la nomination des juges au pouvoir exécutif, tandis que nous en : avons rencontré plusieurs qui n'hésitaient pas à regretter l'inamovibilité. Ils prennent patience en montrant comment les mœurs sont parvenues à corriger la loi. Les magistrats qui exercent avec un mérite reconnu depuis vingt-cinq et trente ans, ne sont pas rares en Suisse. Il est peu de villes où on ne soit fier de les citer. A côté de la durée légale des fonctions, qui est d'une brièveté dérisoire, il faut donc placer le fait qui atténue la rigueur de la loi.

Malheureusement pour le juge, sa position est doublement précaire : non-seulement il est exposé à perdre la faveur du peuple, mais son traitement suffit à peine. Sans parler des cantons où les vacations rémunèrent le juge, système qui compromet la justice et fait soupçonner le magistrat dans la plus grande partie de la Suisse où sont établis les traitements fixes, leur médiocrité est l'objet des plaintes les plus vives. La question budgétaire, que les contribuables discutent avec ardeur, ne nous intéresse pas ; ce qui nous importe, ce sont les conséquences de ce qui existe : or, dans les districts où le nombre des affaires est considérable, où les tribunaux absorbent entièrement le temps des juges, on arrive difficilement à déterminer un candidat à accepter une charge. On parle de tribunaux d'une importance considérable dans lesquels une place est vacante depuis quelques mois, sans qu'on puisse trouver un titulaire. Les Suisses seront obligés d'élever les traitements et d'accroître la durée des fonctions, s'ils ne veulent assister au déclin de leur justice. Dans les gouvernements aristocratiques, les juges, appartenant à la classe riche, peuvent être indifférents au profit de leur charge ; en Suisse, le peuple se défie de la fortune : il aime à prendre ses candidats dans une position subalterne. Il en résulte un dilemme : ou il choisit les hommes d'une intelligence reconnue, et il leur faut un rare esprit de sacrifice pour renoncer à acquérir la fortune grâce à une fonction lucrative ; ou le peuple est amené à prendre des hommes ignorants qui se résignent à accepter un traitement au niveau de leur médiocrité.

Un autre danger de l'élection, c'est d'ouvrir aux juges la voie des ambitions politiques. Il n'est rien de plus fréquent que d'entendre dire en Suisse, d'un homme arrivé au conseil national, siégeant au conseil des états ou faisant même partie du conseil fédéral : « Il a commencé sa vie politique, il y a vingt ans, en entrant au tribunal de tel district. » Une première élection met en évidence, et le tribunal sert de marchepied au candidat. Si son mérite éclate, s'il sait acquérir la confiance publique, il entre au grand conseil du canton et sa fortune politique est commencée.

C'est à la fois la faiblesse et la force des démocraties que toutes les fonctions de la cité soient rattachées et pour ainsi dire confondues dans une hiérarchie commune par des liens étroits. Il est très bon que le député ait été juge ; il est très périlleux que le juge aspire à être nommé député. Peu de Suisses comprennent ce danger. Chaque tribunal contient donc un certain nombre d'hommes jeunes qui ont fait des études de droit, qui ont le titre et le mérite de juristes et qui espèrent entrer dans les conseils politiques. A côté d'eux siègent des praticiens qui ont appris les affaires en exerçant les fonctions de notaires ou de greffiers ; les autres sont des gens étrangers au droit, doués d'un certain bon sens, et parmi lesquels il arrive qu'on rencontre de véritables jurisconsultes. Neuchâtel possède un président qui n'avait fait aucune étude juridique : c'était un ancien fabricant d'horlogerie, un des industriels les plus considérés du pays. Au retour d'un séjour en Amérique, il fut mis à la tête du tribunal et devint un président remarquable ; ces exceptions sont citées avec complaisance, mais elles n'excusent pas les préjugés populaires qui font de la science une cause de défaveur. Il est des cantons où le titre de docteur en droit compromet le candidat, au lieu de le servir. Le peuple cherche sincèrement des juges intègres, mais se défie des savants. Il se demande volontiers pourquoi il choisirait des gens qui en sauraient plus que lui ; entre des candidats de science inégale, il préfère des hommes sortis de son sein : l'électeur se plaît toujours à choisir ses pareils.

De cette tendance commune au peuple en tous les pays, il résulte en Suisse un abaissement du niveau judiciaire. Moins sensible en certains districts, relevée par des exceptions brillantes, cette médiocrité se rencontre dans les tribunaux de premier degré bien plus que dans les tribunaux supérieurs du canton. Elle porte plus souvent sur les mœurs que sur l'esprit : nous ne voulons pas parler de la corruption des mœurs presque inconnue dans ce pays, mais d'une certaine vulgarité de manières qui plaît à la démocratie. Il n'est pas à Paris un praticien élevé dans la fréquentation du palais de justice qui n'ait été nourri des bons mots un peu vulgaires de tel président jugeant à propos d'égayer de réflexions piquantes les aridités de la procédure. Les vrais magistrats souffraient de ces plaisanteries, qui faisaient la joie des clercs. Nous avons retrouvé en Suisse quelque reflet de ce type, mélange d'esprit et de bon sens naturel, donnant à rire à l'auditoire et devenant ainsi populaire, sans rendre pour cela une mauvaise justice. En France, il est rare et on le signale ; en Suisse, c'est l'attitude de bonhomie simple d'un grand nombre de présidents inférieurs, associant le public aux débats et laissant à la foule cette satisfaction qui ressort de l'usage visible du sens commun.

D'ailleurs, en Suisse, on méconnaîtrait la nature des institutions, en voulant ramener les tribunaux à un modèle uniforme. Selon que le tribunal siège dans une commune rurale ou dans une ville industrielle, tout diffère. Dans les cantons de Vaud, de Fribourg, de Berne et d'Argovie, qui ont des traits communs de caractère dus à la domination des puissants seigneurs de Berne, il existe une classe de paysans qui s'occupent beaucoup de leurs affaires privées et qui trouvent du temps pour les affaires publiques : ils sont à la fois maires, juges de paix ou de district, surveillants des écoles, conseillers de leur église : ils ne sont pas juristes, mais ils ont du bon sens et s'en servent. Tels sont les hommes qui, réunis à quatre ou cinq, rendent la justice dans ces grosses bourgades qu'on voit suspendues aux flancs de la montagne ou quelquefois perchées tout en haut d'un monticule avec des débris de remparts, vestiges de leur puissance. Autour ou au pied de la colline, des pâturages couverts de troupeaux dont on entend résonner les innombrables clochettes, attestent la richesse d'un territoire consacré à l'élève du bétail. Gravissez les pentes, pénétrez par ces rues étroites au travers des maisons entassées ; allez jusqu'à la tour carrée de l'église qui domine le village, et en face vous verrez un bâtiment qui sert d'hôtel de ville dont les piliers ou les balustres ornés de sculptures en bois attestent l'ancienneté. C'est là que siègent chaque semaine quatre ou cinq paysans : aucun d'eux n'est juriste ; le bon sens leur suffit. S'il se présente une affaire délicate, il leur arrivera de se tourner vers le greffier, personnage considérable dont l'expérience, quelquefois la science, est d'un précieux secours pour les tribunaux inférieurs. Choisis avec soin, survivant aux juges et devenant le point d'appui et la tradition vivante du tribunal, les greffiers gardent le secret de la jurisprudence et jouent en réalité dans certains sièges un rôle disproportionné, mais qui tourne au profit de la justice. Souvent le président est un homme instruit : l'un d'eux nous disait : « Les affaires que nous jugeons sont toujours les mêmes ; s'il nous venait par hasard une question de lettre de change, je n'ai pas un de mes juges qui pourrait la juger avec moi. »

Si on descend vers les vallées industrieuses où, le long d'un cours d'eau, se multiplient les usines, les institutions se développent avec l'habileté des habitants. Dans le tribunal, les paysans ne seront plus en majorité, d'anciens fabricants y siégeront à côté de quelques juristes. A Zurich ou à Bâle, ce sera bien autre chose : les magistrats seront tous des esprits d'une capacité reconnue ; les docteurs en droit n'y seront pas les plus nombreux, mais l'intérêt aura fait des juristes avec des hommes sortis du commerce, et quelques-uns des jugements rendus par ces tribunaux auront acquis une notoriété légitime dans la jurisprudence fédérale.

En résumé, une justice satisfaisante dans les procès civils, mais très inégale, assez ferme en matière criminelle, très douteuse dans les matières politiques, rendue par des capacités médiocres que soutient la distinction d'esprit d'un petit nombre et qu'améliore la tradition ; en un mot, les hommes et les mœurs réparant autant qu'il est possible les défauts de l'institution ; voilà ce qu'on rencontre dans l'organisation judiciaire de la Suisse.

Au premier abord, l'étranger éprouve une profonde surprise : s'il a l'habitude de la symétrie française, il ne peut concevoir que tous les juges d'un pays ne soient pas nommés suivant le même mode, pourvus des mêmes diplômes, réputés en possession, de la même capacité dans des tribunaux d'égale importance. Il a surtout peine à comprendre que le suffrage populaire sache écarter le parleur mal famé pour lui préférer un homme médiocre doué de sens commun. Ceux qui, nés en Suisse, ont étudié hors de chez eux les tendances des démocraties, comprennent notre étonnement. « Rien, nous disait l'un d'eux, ne se conçoit dans les lois, comme dans les mœurs de notre pays, sans l'histoire. Dans l'ancienne constitution de la république, qui n'avait de républicain que le nom, et qui était en fait une société de sujets vivant sous la tyrannie des seigneurs de Berne, aussi bien en 1788 qu'en 1600 ou en 1500, le peuple dépouillé de tous droits n'avait qu'un seul pouvoir, qu'une seule liberté, celle de choisir ses magistrats. D'autorité politique il n'en avait aucune, mais il possédait le droit d'élire ceux qui rendaient la justice locale. De là est née et s'est formée la tradition aujourd'hui consacrée par les siècles, tradition que personne ne songe à contester, contre laquelle aucun parti politique ne s'élève. » Telle est la clé du problème sans laquelle en effet rien ne s'explique. Est-ce à dire que l'institution est bonne par cela seul qu'elle est ancienne ? Nullement, mais le peuple a comparé le résultat des élections, selon que ses choix ont porté sur des esprits droits ou sur des charlatans ; avec les échecs, avec les souffrances est venue l'expérience. Peu à peu une seule qualité a dominé toutes les autres ; une seule a été exigée par les électeurs ; la considération. La science est devenue presque le superflu ; le suffrage populaire y est indifférent, mais il exige que la réputation ne soit pas douteuse. Si, en une crise politique où les passions font taire la raison, il a pu arriver qu'un homme taré parvint à siéger, c'est un fait que signalent et que désavouent les cantons voisins. La vie que mènent les Suisses explique aisément cette sévérité si rare en une démocratie : ils habitent une maison de verre où tout se voit. Vivant fort rapprochés, non-seulement les habitants des villages, mais des bourgs, se connaissent tous. Le contact qu'établit entre eux la pratique des institutions libres, l'habitation longtemps continuée en un même territoire, l'instruction la plus développée donnée en commun, les sociétés d'étudiants jetant dès l'adolescence le jeune homme dans le tourbillon des idées et des passions politiques, à vingt ans le service militaire appelant toute une génération sous les drapeaux à intervalles assez courts, puis, les élections fréquentes transformant l'étudiant écouté en homme politique influent, lui donnant pour appui ses camarades de la veille : tels sont les liens intimes qui rattachent la société suisse, qui en nouent les différentes parties et qui expliquent la vie intérieure d'un peuple qui a plus d'activité que de haines, plus d'émulation que d'envie. Si on n'observe pas ce spectacle dans toutes ses parties, on ne peut comprendre la Suisse. C'est une démocratie qui est attachée à son passé, qui se défie des innovations et qui, par-dessus tout, se connaît bien elle-même.

III

Que conclure du spectacle de ces deux démocraties ? Avec l'une, nous voyons les dangers de la turbulence, l'envie qui emporte la multitude, l'instabilité qui énerve les lois et qui détruit les mœurs publiques, et au sommet, par un prodigieux contraste, la constitution, qui est au-dessus de toute attaque, dont la garde est confiée à un corps de magistrats puissants, seuls permanents au milieu du tourbillon général ; de telle sorte que le même peuple nous présente à la fois chez ses magistrats le modèle le plus outré de la mobilité élective et l'exemple de l'inamovibilité respectée. En quittant une nation qui semble surexcitée par la fièvre, nous revenons vers l'Europe, où nous ne trouvons qu'une démocratie complète, celle de la Suisse, aussi calme en son ensemble que les États-Unis sont agités. Les institutions judiciaires y sont sans grande force ; mais les mœurs ont une vigueur qui leur donne la vie, et la sagesse publique sait améliorer ce que les lois ont de défectueux.

De la comparaison de ces deux démocraties, il ressort certaines lumières ; il apparaît clairement qu'en une nation où l'inexpérience domine, où les institutions libres sont récentes, où dans le sein de la population les éléments sont mobiles, les imaginations facilement excitées, la démocratie voit se développer tous ses maux, et au premier rang l'envie et la corruption. Il est non moins évident qu'une population plus ancienne, plus sédentaire, se connaissant elle-même, mûrie par une tradition locale sur laquelle elle vit, est plus propre à jouir de la liberté sans l'acheter au prix d'abus excessifs. Le propre de la démocratie est de surexciter les éléments divers sur lesquels elle agit : en donnant le même jour à tous le droit de parler, de délibérer et d'élire, il semble qu'elle déchaîne en même temps tous les vents. En prodiguant aux hommes tant de faveurs, elle parvient aisément à les enivrer. Pour résister à ses séductions, il faut une longue expérience. La plupart des cantons suisses sont habités par des citoyens laborieux et sages ; ils aiment de longue date leurs institutions, y demeurent fidèles et méprisent les stériles agitations dont l'Europe est remplie et dont Genève se plaît à certaines époques à leur offrir l'image. Leurs tribunaux sont le reflet de leur caractère et suffisent à leurs besoins. Voués à la culture ou à l'industrie, ils ont pris des arbitres spéciaux et s'en contentent.

De ces deux démocraties, quelle est celle dont le flot montant nous gagne ? Sommes-nous faits de longue date aux mœurs de la liberté ? Savons-nous résister au mirage des espérances décevantes ? Possédons-nous une tradition ? Vivons-nous dans les cours de justice sur les précédents du passé ? A défaut d'anciennes institutions politiques, avons-nous le respect d'institutions civiles mêlées à nos mœurs ? Le suffrage a-t-il parmi nous horreur des charlatans ? Cherche-t-il de préférence les hommes les plus considérés ? Si, à toutes ces questions, il nous est possible de répondre affirmativement, alors seulement nous pouvons sans témérité confier au peuple le choix de ses juges. S'il faut avouer que tout cela nous manque, si nos traditions ont été brisées par la chute d'un ancien régime dont la haine est la plus profonde des convictions nationales, si nos classes sociales sont, par surcroît de malheur, divisées en partis politiques, si nos secousses successives ont jonché le sol de ruines et fait pénétrer dans les esprits le pire des dissolvants, le scepticisme politique, il faut que nous cherchions un remède, et qu'à toutes ces causes de faiblesse qui peuvent faire fléchir notre constitution, nous trouvions un contrepoids.

Seul, le pouvoir judiciaire peut nous l'offrir. C'est là le secret de la puissance des institutions américaines. M. de Tocqueville l'avait admirablement discerné. « L'autorité que les Américains ont donnée aux légistes, dit-il, et l'influence qu'ils leur ont laissé prendre dans le gouvernement forment aujourd'hui la plus puissante barrière contre les écarts de la démocratie. » (II, 163.) Ceux qui ne l'ont pas vu sont forcés d'avouer qu'à leurs yeux la durée de la constitution des États-Unis est un fait incompréhensible. Il y a parmi nous des gens qui ne peuvent contempler l'Angleterre ou l'Union américaine, ni étudier leur constitution sans en prédire la chute comme pour se venger de leur surprise et de leur impuissance à en comprendre le mécanisme. Et pourtant aucun des auteurs de la constitution de 1787 n'a caché son secret ; tous l'ont proclamé à l'envi ; à leurs yeux, l'antagonisme du pouvoir exécutif et de la législature est inévitable, si un troisième pouvoir tirant sa source de l'un et de l'autre, mais supérieur à tous deux en durée, ne vient juger leurs lois et leurs actes, servir d'arbitre à leurs luttes et de protecteur vis-à-vis des citoyens. Que le président ou les fonctionnaires menacent la liberté et se livrent à des actes arbitraires, le pouvoir judiciaire se dresse aussitôt et met obstacle aux empiètements de l'exécutif. Que la législature, entraînée par le mandat des électeurs, croie représenter à elle seule la souveraineté populaire et qu'elle vote des lois contraires à la constitution, le pouvoir judiciaire écoute les doléances des citoyens et paralyse la loi illégalement votée. En reprenant l'histoire des États-Unis, on retrouverait aisément le souvenir de conflits apaisés, d'entreprises déjouées, d'usurpations confondues par la fermeté d'un pouvoir placé assez haut pour être revêtu de tout le prestige de la loi.

Si ce pouvoir n'existe pas, écoutez les docteurs de la théorie constitutionnelle indiscutée au-delà de l'Atlantique, ils vous diront d'une commune voix qu'une république sera condamnée à être éternellement ballottée entre le césarisme et la démagogie, que tantôt un maître, tantôt une assemblée omnipotente, gouverneront le pays, que, sans un contrôle supérieur, l'équilibre est rompu, et que, faute de savoir le maintenir s'il existe, ou le créer s'il fait défaut, une république ne connaîtra jamais les bienfaits d'un gouvernement modéré. Ce qui perd les pouvoirs délégués par le peuple, c'est qu'ils se croient tout permis. Il leur faut un contrepoids, un guide, un contrôle. Seul, le pouvoir judiciaire est capable de le donner. A quelles conditions peut être créée, dans le mécanisme gouvernemental, cette pièce maîtresse sans laquelle une démocratie privée de frein se précipite vers la satisfaction de toutes ses passions ? C'est la question la plus grave qui s'impose de notre temps aux méditations de ceux qui sont résolus à demeurer fidèles à la liberté.

Dans nos chartes successives, tout a été fait pour annuler l'un des pouvoirs. La constitution de 1791 a étouffé la monarchie et fait naître la puissance sans limites de la convention ; la constitution de l'an VIII a réduit à l'inaction les assemblées au profit du pouvoir exécutif. Les chartes constitutionnelles ont formé un dualisme qui, bien que tenté sous sa forme la plus sage, a pourtant abouti à deux conflits mortels. La constitution de 1848 a poussé le dualisme à ses limites extrêmes en mettant une assemblée unique et omnipotente en face d'un président élu par le peuple. 1852 a revu la constitution de l'an VIII, la législature muette et le pouvoir exécutif sans frein. Nous faisons une nouvelle expérience dans laquelle le pouvoir exécutif, absorbé par une des branches de la législature, n'est qu'un instrument. La volonté du peuple souverainement exprimée dans les élections de députés et de sénateurs est toute-puissante. — C'est la condition du régime représentatif, nous dit-on. Voyez la constitution anglaise ; ignorez-vous que le parlement exerce une autorité sans limites et que la chambre des communes est l'expression directe de la volonté populaire ? — Sans doute ; mais en Angleterre il y a deux obstacles qui se dressent devant les électeurs : la couronne et la chambre des lords sous sa double forme politique et judiciaire.[1] Cherchez tous les peuples réglés par une constitution libre et vous n'en trouverez pas un seul où l'électeur puisse en nommant ses mandataires disposer directement des lois et de la constitution nationale. En Suisse, le conseil des états et la révision soumise au peuple servent de frein à la chambre basse. Aux États-Unis, le pouvoir judiciaire crée un obstacle. Dans notre pays, aucune barrière n'a été dressée pour arrêter ou retarder la volonté de l'électeur. Nous avons emprunté à nos chartes et aux gouvernements anglo-saxons tout ce qui facilitait la toute-puissance des législatures sans conserver, ni créer une seule des forces qui pouvaient empêcher l'avènement du despotisme des assemblées.

Si nous possédions, ainsi qu'en Amérique, une constitution contenant une série de principes définis, servant de fondement

[1] Le pouvoir judiciaire de la chambre des lords appartenant en droit à tous les pairs et, exercé en fait par les *law-lords*, c'est-à-dire par les anciens chanceliers, a fait recaler à certains jours les passions déchaînées de l'Angleterre. Il y a peu d'époques où les ardeurs se soient montrées plus vives qu'en 1844, alors que l'Irlande se soulevait a la voix d'O'Connell, que le ministère, en lutte contre lui, avait pris le parti de le faire arrêter et qu'un jury venait de. le condamner. Cabinet, parlement, opinion publique, tous étaient unanimes contre l'agitateur de l'Irlande. La chambre des lords fut saisie. Un soir, au milieu de l'assemblée frémissante, les *law-lords* opinèrent ; par trois voix contre deux, la procédure leur semblait illégale. D'autres pairs s'apprêtaient à voter. La majorité contre O'Connell n'était pas douteuse. Un des ministres fit observer que les précédons s'y opposaient. Nul ne protesta, et le soir le premier ministre expédiait l'ordre d'élargir O'Connell. Mémorable exemple de respect du droit qui est fait pour apprendre à quel prix un peuple est capable de demeurer libre !

II. L'INFLUENCE DE LA DÉMOCRATIE SUR LA MAGISTRATURE...

à nos institutions et soumettant à leurs règles les citoyens c emmêles corps politiques, la réforme à accomplir serait simple et s'imposerait d'elle-même. Malheureusement nous n'avons jusqu'ici, en fait de lois constitutionnelles, que des lois d'organisation et de procédure. Nous nous bornons donc à une hypothèse : une cour suprême serait appelée à connaître de tout appel fondé sur l'inconstitutionnalité de la loi votée : statuant non comme censeur de la législature, mais comme juge sur chaque litige, en préférant les principes de la constitution aux lois qui les auraient violés, la cour procéderait sans bruit, sans éclat, elle n'annulerait pas la loi, elle passerait à côté d'elle ; elle laisserait subsister l'acte et ne rendrait pas d'arrêts qui rappelassent les arrêts de règlements ; les yeux fixés sur le pacte constitutionnel, les magistrats en assureraient la durée par une observation fidèle :[1]

« Mais, dit-on, vous créez un conflit sans issue. Supposez qu'au lendemain d'une de nos révolutions, la cour suprême que, sans doute il s'agit de rendre inamovible, voulût entraver les autres pouvoirs, qu'adviendrait-il ? La marche du gouvernement ne risquerait-t-elle pas d'être suspendue ? » En aucune sorte ; il n'y aurait ni conflit ni entrave. Ou bien la loi mise en échec serait l'expression d'un besoin public et les deux chambres feraient cesser la résistance de la cour en affirmant leur volonté et, s'il le fallait, en se rassemblant en congrès pour interpréter sur un point spécial la constitution ou pour l'amender ; ou bien la loi aurait été votée sous l'influence d'entraînements politiques auxquels il était bon de mettre obstacle et l'acte de la cour suprême, loin d'être un embarras, rendrait le meilleur service à la république.

Mais, nous le répétons, tout ceci n'est qu'une hypothèse. La France n'a pas, à vrai dire, de constitution, en ce sens que les principes qui la gouvernent n'ont pas été formulés en un corps., Donner un pouvoir aussi étendu à la cour suprême ne se pourrait qu'avec un

---

1 Veut-on un exemple qui prouve combien ce système serait pratique ; l'art. 2 du code civil porte : « La loi ne dispose que pour l'avenir ; elle n'a peint d'effet rétroactif. » C'est là une disposition qui règle l'interprétation de toutes nos lois, dont l'autorité s'impose presque au législateur et qui serait fort bien à sa place dans la constitution. Qui pourrait être surpris que la cour suprême, saisie par un citoyen condamné en vertu d'une loi rétroactive, examinât la disposition critiquée et si la rétroactivité était certaine, passât à côté d'un texte qui aurait méconnu un principe supérieur de notre législation ?

George Picot

code constitutionnel précis. Lui remettre une telle attribution sans un texte à appliquer, sans une charte à garder, ce serait confier à la jurisprudence le soin d'écrire à coups d'arrêt le pacte social ; ce serait faire de la cour suprême une constituante. Notre confiance en la sagesse des magistrats ne va pas jusqu'à leur confier. le pouvoir du congrès. S'il est prématuré d'attribuer à l'heure où nous sommes à la cour suprême les recours contre les abus accomplis par la législature, que devons-nous penser des excès de pouvoirs commis par les agents du pouvoir exécutif ? En ce moment, le conseil d'état en est juge, à moins « qu'une mesure de haute police, » un « acte de gouvernement, » le détermine à refuser aux citoyens lésés toute action.

Il n'est pas dans notre pensée de rouvrir le débat depuis tant d'années pendant sur la séparation des pouvoirs. Ce principe est profondément sage. En le proclamant, la constituante a rendu un grand service au droit public ; mais, suivant les temps, les lois doivent parer à des périls divers. Il était naturel que, pendant les premiers jours de la révolution, alors que le souvenir des parlements et de leurs arrêts de règlements était dans toutes les mémoires, le législateur se défiât du pouvoir judiciaire, qu'il voulût tourner toutes ses précautions contre les empiétements des juges. En posant la règle de la séparation des pouvoirs, il n'avait que deux pensées, réduire à néant la puissance royale et renfermer le juge dans le cercle du droit criminel et du droit privé. Les prescriptions sévères étaient loin d'être superflues ; il fallait rompre avec des traditions qui auraient perpétué une confusion funeste. Les magistrats étaient à ce point imbus des précédents de l'ancien régime que, sous la restauration, les parquets eurent plus d'une fois à lutter pour qu'une cour ne mandât point le préfet à sa barre.

Aujourd'hui, rien de tout cela n'existe plus. Les tribunaux, dans l'administration régulière de la justice, ne cherchent pas à empiéter. Les partisans de la juridiction administrative mettent quelque amour-propre à rappeler que, dans un procès célèbre sous l'empire, le conseil d'état se montra favorable à la compétence judiciaire, qu'avaient déniée à tous les degrés les juridictions civiles.[1]

Le principe de la séparation des pouvoirs est donc reconnu et

---
[1] Voir, dans l'affaire de la saisie administrative de *l'Histoire des princes de Condé*, les conclusions de M. Aucoc en date du 9 mai 1867 ; Dalloz, 1867, III, p. 49.

admis : c'est un principe salutaire, mais il a été exagéré avec le temps et, tout en le maintenant, il faut se garder de le pousser jusqu'à ses conséquences extrêmes. La loi et la jurisprudence ont l'une et l'autre dépassé la mesure. Quand la loi, qui a remis toute la matière des contributions indirectes aux tribunaux, attribue aux conseils de préfecture les impôts directs, quand elle distingue la petite voirie, qui appartient à la justice ordinaire, de la grande voirie, qu'elle abandonne à la juridiction administrative, à ce point que des contraventions souvent fort délicates sont soumises à des conseillers de préfecture amovibles qui prononcent des amendes comme si les prévenus étaient entourés des garanties de la justice répressive [1] il faut cependant avouer que le législateur semble s'être plu à aggraver plutôt qu'à dissiper la confusion des pouvoirs. Quand, de son côté, la jurisprudence administrative affirme comme une règle absolue que les tribunaux ne peuvent en aucun cas déclarer l'état débiteur ; quand on dessaisit la justice ordinaire en élevant un conflit, parce que le demandeur en dommages-intérêts, victime d'un accident, a été renversé par la voiture d'une administration publique ou parce que le préjudice a été causé par un entrepreneur adjudicataire de l'état, il faut avouer que les juges administratifs sont parvenus à étendre démesurément leur domaine au détriment de la justice chargée d'appliquer le droit. A cette extension abusive, tous ont contribué, la cour de cassation aussi bien que le conseil d'état. La juridiction administrative avait pour elle deux attraits puissants : une procédure simple, peu coûteuse, aisée à comprendre et plaisant aux parties, puis l'esprit même du conseil d'état qui, en mettant à part les affaires politiques, s'est montré de tout temps libéral, d'un accès facile, tempérant le droit strict par des mesures d'équité, mêlant avec habileté, ce que ses défenseurs n'ont jamais manqué de faire valoir, le rôle gracieux de l'administrateur à la sévère mission du juge.

Aussi les partisans des juridictions administratives ont-ils eu beau jeu quand ils ont eu à se défendre contre la proposition de

---

1 Si le conseil de préfecture croit qu'il y a lieu de condamner à une peine d'emprisonnement, comme le législateur n'a pas osé lui donner ce pouvoir exorbitant, il a été décidé que le juge administratif renverrait le coupable frappé d'une amende devant le tribunal correctionnel pour entendre prononcer une peine corporelle. (Circulaire du ministre de la justice du 28 ventôse an II.) Ce renvoi impraticable est la meilleure condamnation d'un système qui appelle une révision.

George Picot

transférer aux tribunaux de droit commun toute la compétence des conseils de préfecture et de la section du contentieux. — « Vous allez confondre, s'écriaient-ils, l'administration et la justice, placer en tutelle le pouvoir exécutif, soumettre les préfets aux caprices des tribunaux d'arrondissement. Ce n'est pas seulement la perte de l'administration : ce sera le signal des plaintes les plus vives des administrés ; les recours sont ouverts en matière gracieuse comme en matière contentieuse. Cette dernière compétence passera seule à la justice ordinaire, qui ne peut, en aucun cas, se mêler d'administrer. Qui se chargera désormais de tempérer les sévérités des préfets ? En soumettant au droit toutes ces questions, vous aurez anéanti la jurisprudence d'équité. »

Toutes ces doléances étaient graves et de nature à faire abandonner des projets qui auraient soumis l'administration à la justice ordinaire. Et néanmoins la juridiction administrative, sous sa forme actuelle, offrait-elle des garanties suffisantes ? nos conseils de préfecture sous la main des préfets, le conseil d'état sous la main des ministres, constituaient-ils des institutions assez indépendantes pour inspirer confiance lorsque le droit privé était aux prises avec un intérêt politique ? était-il possible de ne pas songer que des nations de même race comme l'Italie, de même langue comme la Belgique, ayant toutes deux, des institutions libres et des législations calquées sur la nôtre, avaient renoncé au système français pour confier à la justice le contentieux administratif ? Les réflexions et les doutes se multiplient lorsqu'on apprend qu'en ces deux pays nul ne prétend que les tribunaux soient devenus maîtres de l'administration. Cependant n'est-il pas imprudent d'aller aussi loin et de montrer la même hardiesse ? Est-il nécessaire de détruire les conseils de préfecture ? N'est-il pas plus sage de constituer leur indépendance, de les relever en leur accordant la plénitude de juridiction qu'ils réclament depuis longtemps, de les éloigner du préfet, qui leur enlève toute autorité, de les placer au centre d'un groupe de départements en réduisant leur nombre à dix ou douze pour toute la France ? Cette réforme ne deviendrait-elle pas considérable si, au-dessus d'eux, la juridiction supérieure qui forme aujourd'hui une des sections du conseil d'état, était rattachée à la cour suprême, devenue ainsi l'interprète universelle de la loi française ? La juridiction administrative plus concentrée, composée au premier degré de membres plus savants, garderait de la sorte son caractère de spécialité, empruntant à la cour suprême les garanties communes à toute justice, conservant, dans la sphère nouvelle où elle serait appelée à se mouvoir, son indépendance et tirant un grand profit d'une juxtaposition en une même compagnie dont les diverses sections seraient chargées d'interpréter les lois civiles, administratives et fiscales, aussi bien que la législation commerciale et criminelle.

IV

Ce n'est pas le vain plaisir de donner une dénomination nouvelle à d'anciennes institutions qui fait souhaiter ce changement. Nous avons en vue un tout autre résultat. Le règne des lois n'est assuré en un pays que si tous les citoyens voient clairement la justice et comprennent que nul, si haut placé qu'il soit, n'y échappe. Le déni de justice, qu'à toutes les époques nos vieux jurisconsultes ont considéré comme la pire offense, a reparu de notre temps sous des titres nouveaux. Vienne un déclinatoire, un conflit, une déclaration d'incompétence, et un citoyen lésé dans ses droits, protestant contre la confiscation de sa propriété ; réclamant une édition saisie administrativement avant toute publication, ou se plaignant d'une atteinte à la liberté individuelle, verra l'accès de toutes les cours se fermer devant lui sans qu'il puisse faire entendre sa voix. Dans un pays où de tels événements se passent, peu importe que l'empire soit debout ou que la république lui ait succédé, les mœurs sont identiques et on peut affirmer que, si la conscience publique n'est pas soulevée, l'idée du droit est en déclin. Pour que la notion de la justice se développe librement, pour qu'elle pénètre dans l'esprit des citoyens et qu'elle les imprègne, il faut qu'au sommet de la hiérarchie ils aient constamment sous les yeux un tribunal suprême qui soit le juge incontesté des compétences et du droit. Pas plus qu'il n'y a deux morales, il n'y a deux droits. C'est l'insondable vertu de la justice d'être une en son essence et de ne pouvoir être scindée. Qu'elle soit variée à l'infini dans ses applications à la diversité des litiges, mais qu'elle demeure indivisible dans son principe ; selon qu'elle fixe les rapports du laboureur, de l'ouvrier, du contribuable, du commerçant ou du soldat, elle prend les noms les plus divers, mais quand les tribunaux spéciaux ont prononcé, que le fait est éclairci et fixé, le débat s'élève et atteint ces sphères supérieures où le droit lui-même est jugé. Il ne s'agira plus ni de justice de paix, ni de prud'hommes, ni de juges consulaires, ni de conseils de guerre, ni de conseils administratifs : c'est la cour suprême de justice qui posera et dira le droit.

Il faut que la cour suprême accomplisse pour les branches détachées du droit ce que la cour de cassation a fait admirablement depuis près d'un siècle dans l'ordre des lois civiles et criminelles. S'il se constitue une juridiction régulatrice qui inspire aux citoyens une pleine sécurité, devant laquelle soit dit, en toute matière contentieuse, le dernier mot, on verra se faire à la fois un apaisement et un progrès dans les esprits. Qu'on ne s'y trompe pas : selon que la notion du droit s'affaiblit ou se développe, la civilisation recule ou s'étend. Or l'idée abstraite échappe à la foule des citoyens. L'expérience fait mieux que toutes les théories l'éducation des hommes. Ils ont besoin de voir une force active et vivante prêter son appui au principe, donner une forme tangible à la loi écrite ; s'ils constatent par leurs yeux que nul n'échappe désormais au pouvoir des lois, la vue de ce fait sera plus éloquente qu'une ligne de la déclaration des droits de l'homme. En abolissant l'article 75 de la constitution de l'an VIII, dont tous les publicistes réclamaient depuis un demi-siècle la suppression, un grand pas a été accompli dans cette voie de sage réforme ; mais le privilège qui entourait le fonctionnaire était si profondément entré dans les mœurs administratives qu'il a reparu sous une autre forme. Il faut achever l'abolition de ce nouvel article 75. Le respect de la loi ne se fondera qu'à ce prix. Les préjugés de l'ancien régime sont, à notre insu, tellement vivants en France que, par une pente naturelle, c'est encore au privilège qu'on demande l'influence et l'autorité, alors que l'égalité des droits peut seule l'assurer. Dans le pays le plus aristocratique d'Europe, nous avons entendu des juges nous expliquer comment ils étaient parvenus à grand'peine à faire respecter le policeman dans les rues de Londres. « Quand l'un d'eux s'était montré brutal dans une arrestation, nous disait le juge, loin de couvrir la faute, je m'associais à l'émotion du public, je détournais mon attention du prévenu pour la concentrer sur l'excès de pouvoir et je ne revenais au prisonnier qu'après avoir vérifié le fait et puni l'agent avec une sévérité exceptionnelle. Je faisais plus ce jour-là pour la protection et la popularité du corps de police que si le parlement lui avait accordé un privilège. »

La police française se croirait perdue si un juge s'avisait de condamner un gardien. En cela les Anglais ont le tempérament républicain, et nous l'avons monarchique. Si nous conservons ces préjugés sous le gouvernement de la démocratie, nous pourrons nous dire en république, mais nous n'éviterons aucun des maux du despotisme, nous ne connaîtrons la liberté que de nom et nous n'aurons pour toute consolation que cette égalité menteuse qui semble faite pour la servitude.

On répète volontiers que la république ne peut être fondée que sur le respect des lois, mais cette formule banale veut un effort positif. Elle serait vide de sens, si le même jour les voix qui la proclament insultaient les juges, défiant la loi et chassant ses organes. Si on veut respecter le droit, il faut savoir respecter ceux qui l'interprètent, alors même qu'ils rendent des arrêts qui nous blessent. Il n'y a nul mérite à obéir ponctuellement aux décisions qui vous absolvent. C'est le jour où elles condamnent le justiciable qu'on mesure sa déférence à la modération de ses plaintes ; mais il faut pour cela un empire sur soi-même que ne possède pas le peuple.

Les démocraties jeunes ont les qualités et les défauts de l'enfance : actives jusqu'à la pétulance, égoïstes jusqu'à l'ingratitude, en perpétuel mouvement, adorant et brisant leurs jouets, ne se lassant pas d'agir jusqu'à l'heure où elles s'endorment pour se réveiller et reprendre leur vie incessamment mêlée de soucis et de larmes, d'enthousiasme et de colère. Dans leur tourbillon infatigable, elles n'aiment point la règle et tendent à l'énerver : elles abaissent peu à peu les justices inférieures qui sont en contact avec elles ; elles se plaisent à en faire une sorte d'arbitrage d'équité, préfèrent volontiers des hommes médiocres vivant de la vie des justiciables. Si les citoyens élisent leurs juges, ils font choix de leurs pairs, se soucient peu du droit, préfèrent les demi-mesures aux sévérités d'une décision juridique ; de cette influence résulte une décadence de la justice, dont le prestige disparaît dans un nivellement progressif. Le terme de cette tendance serait la justice rendue à tous les degrés par des combinaisons diverses reposant sur le juge ou sur le juré élu dans les communes.

Mais l'homme parvenu à un certain degré de civilisation ne peut longtemps s'accommoder d'une justice abaissée. Des abus d'un tel système naît bientôt une réaction ; ceux qui pensent se liguent avec ceux qui possèdent. Les classes riches représentant moins de suffrages, mais ayant plus de procès que les classes pauvres, souffrent les premières du choix des juges, abandonné à la masse du corps électoral. Quand le suffrage universel a été longtemps et librement appliqué, l'élu se rapproche sensiblement de la moyenne des électeurs. Alors, tout ce qui est au-dessus de cette moyenne, tous les citoyens aisés s'accordent pour gémir et demandent une justice plus éclairée et plus indépendante.

Le premier effet de la démocratie est donc de mettre la main sur la justice pour l'abaisser à son niveau. La seconde tendance est de réclamer une justice supérieure qui protège plus efficacement les droits ; mais, si la démocratie est devenue toute-puissante, l'œuvre est difficile : une majorité jalouse n'aime pas satisfaire des besoins qu'elle ne conçoit ni ne partage. Il faudra que les intelligences et les intérêts s'unissent longtemps pour que de cette coalition sorte la victoire. L'obtiendra-t-on enfin ? La juridiction nouvelle, sans racines, sans passé, sera condamnée à attendre de longues années les conditions indispensables à toute justice réglée : l'autorité et une jurisprudence fondée sur la tradition.

Tout autre sera le sort d'une démocratie qui aura trouvé dans son berceau une magistrature suffisamment ancienne, ayant loyalement observé les diverses constitutions nationales, issue de la classe moyenne, respectant ce qu'elle respecte, combattant le désordre qu'elle poursuit de ses haines, et rendant la justice avec une impartialité que nul n'a jamais accusée de corruption. Quand une nation ne possède pas un tel corps judiciaire, les auteurs de la constitution doivent, à l'imitation des compagnons de Washington, tout sacrifier pour le créer de toutes pièces, assurés que dans l'avenir cette œuvre leur méritera les bénédictions de la postérité. Si les principaux éléments se rencontrent dans des compagnies ayant derrière elles un siècle de tradition, les fondateurs de la république doivent se hâter de les mettre en œuvre, de construire avec elles une des assises de la constitution, d'établir cette cour suprême à laquelle aboutiront toutes les plaintes, tous les litiges des citoyens, et de fonder sur elle cette puissance protectrice de tous les droits qu'ont réclamée les publicistes, que nos constitutions ont successivement étouffée, sans laquelle la liberté ne peut vivre, et qui se nomme le pouvoir judiciaire.

George Picot

III. L'ESPRIT DE RÉFORME ET L'ESPRIT RÉVOLUTIONNAIRE.[1]

Le tableau des épreuves que la magistrature a traversées depuis 1789, et la vue des transformations que la démocratie a fait subir aux corps des juges dans les deux républiques fédérales, nous ont préparés à comprendre les attaques dont notre organisation judiciaire est aujourd'hui l'objet.

L'esprit révolutionnaire veut détruire de fond en comble l'organisation créée sous le consulat et faire naître d'un coup de baguette un système où tout sera nouveau, hommes et institutions. La routine répond en déclarant que nos juridictions, le mécanisme de la justice, l'œuvre et le personnel sont au-dessus de tout éloge, que la haine et l'aveuglement peuvent seuls inspirer des attaques contre nos corps judiciaires. L'esprit de réforme écoute toutes les critiques, les pèse à leur valeur, les rejette ou les admet suivant la force de leurs preuves, tient grand compte du passé, ne le prend pas pour seul juge, ne méprise aucune plainte, ne refuse aucun conseil, fait l'enquête, la plus sincère, ne part pas d'un système préconçu, mais aboutit à ce que la raison suggère ; en un mot, il veut le progrès sans secousse, le recherche en ne se lassant point, en se préoccupant beaucoup des besoins publics, sans s'effrayer des clameurs, mais en prêtant l'oreille à toutes les doléances d'où qu'elles viennent. Depuis soixante-dix ans, notre organisation judiciaire a traversé toutes nos révolutions, sans que les principes posés au commencement du siècle aient reçu quelque atteinte. Il est évident que les trois ordres de juridiction, le système de la justice civile et de la justice criminelle, lès ressorts et les compétences conviennent dans leur ensemble aux mœurs et à l'état de notre société. Il peut y avoir plus d'un détail à remanier, plus d'une retouche à faire, mais le dessin général est bon.

Nous nous proposons d'examiner rapidement les changements qui ont été réclamés, de voir dans quelle mesure ils seraient avantageux, s'ils ont été inspirés par un esprit de réforme sage ou chimérique. Nous indiquerons ensuite les modifications que l'expérience suggère et que, suivant nous, la prudence impose.

---
1 Voyez la *Revue* du 1er décembre 1880 et du 1er janvier 1881.

La suppression de l'appel, le juge unique à tous les degrés et le jury civil, telles sont les propositions qui, jointes ou séparées, ont été mises en avant par les adversaires les plus résolus de notre organisation judiciaire. Ce n'est pas ici la place de discuter à fond ces réformes. Il y a des heures où certaines utopies sont menaçantes ; d'autres où les théories ne sont pas en faveur. Le droit d'appel n'est guère attaqué de nos jours que pour servir de prétexte à la destruction des cours, le juge unique n'est préconisé qu'afin d'aider à la suppression des tribunaux. Le jury civil trouve peu de partisans, mais ils essaient de remédier à leur rareté par une ardeur qui tient du prosélytisme. Nous croyons que, de ce côté, le péril n'est pas sérieux : le peuple respecte ses juges, mais les croit faillibles ; il tient à l'appel ; il a confiance dans la délibération, et s'il s'incline devant le juge unique de son canton, c'est précisément parce qu'il sait qu'une révision est possible. Enfin, le jury civil aurait tous les mérites qu'il ne saurait prévaloir contre deux objections : la preuve, facile à donner, de la charge qu'il imposerait aux justiciables, et ce fait que les peuples les plus attachés au jury criminel voient décliner la faveur attribuée au jury civil. La nature de ces projets et l'accueil qu'ils ont reçu sont la meilleure démonstration de la valeur de notre organisation. L'opinion des jurisconsultes est faite : le barreau est partisan du système général de notre justice. Où trouver de meilleurs témoins, des appréciateurs plus compétents et plus dignes de guider l'opinion publique ? Il est donc permis de dire, sans crainte de se tromper, que la France est attachée à ses tribunaux, qu'elle ne les verrait pas bouleverser sans répugnance, qu'elle veut les perfectionner, non les détruire.

Non-seulement il est facile de discerner ce qu'elle ne veut pas ; mais, chose plus rare, il est assez aisé de découvrir ce qu'eus souhaite. Sous tous les régimes on a demandé avec une singulière unanimité la réduction du nombre des juges, afin que leur situation fût relevée. Ce n'est pas un fait insignifiant que cet accord de tous les partis en un tel sujet. La démocratie veut d'ordinaire, on le sait, la multiplication des fonctions publiques. Or le mouvement que nous signalons agit au rebours. Il est donc impossible de nier qu'il ne soit profond. L'insuffisance des traitements, à tous les degrés, la rareté des candidats de mérite pour les justices de paix, la médiocrité de certains juges, le besoin d'avancement excité et justifié par la parcimonie du budget, ont fait nature chez tous ceux qui approchent de la justice les mêmes réflexions et les mêmes vœux. En examinant successivement nos juridictions et les modifications dont elles sont susceptibles, nous n'aurons donc rien à demander à l'imagination, il nous suffira de combiner et d'écrire ce qui est dans l'esprit des hommes les plus expérimentés.

I

Il n'est personne qui, ayant à se prononcer sur les juges de paix, n'ait souhaité des magistrats plus instruits et mieux garantis contre l'invasion de la politique. Entre les écrivains partis des points les plus opposés, l'accord est absolu sur ces deux besoins. C'est à ce prix que l'institution fondée par la constituante peut être régénérée.

Nos lois administratives en se compliquant, nos lois judiciaires en créant une compétence plus étendue ont rendu nécessaire l'attribution de ces fonctions à un homme spécial. Thouret avait dit « qu'un homme de bien, pour peu qu'il eût d'usage et d'expérience, pouvait être juge de paix. » Depuis quarante ans, nos lois ont donné à cette affirmation le plus complet démenti : ce n'est pas l'expérience qui suffit à démêler les difficultés souvent inextricables que soulèvent les actions possessoires, les exceptions, l'interprétation des règlements administratifs. Il n'est pas un membre de la cour de cassation qui ne sache que la nature de sa compétence oblige souvent un juge de paix à faire une œuvre intellectuelle plus délicate qu'un juge d'un siège plus élevé. A cette difficulté si l'on ajoute l'obligation de se décider seul, d'écouter les parties en leurs explications confuses, de ne pas entendre des interprètes du droit éclaircir devant lui la cause ou, s'il s'en présente, de se défier de leur intervention, le devoir de laisser entrer à toute heure en son cabinet ceux que dans le canton une difficulté de droit alarme, la nécessité de répondre à chacun, de dissiper les doutes, de ne rien ignorer de la loi, et tout cela sans autre secours que de rares ouvrages et des collections incomplètes, on se fera à peine l'idée de ce que réclament ces fonctions modestes, qui exigeraient, pour être dignement remplies, autant de science que de vertu. Nous connaissons quelques exceptions, dignes modèles de ce portrait, mais combien elles sont rares ! Le mouvement de centralisation qui a dépeuplé les campagnes au profit des villes et qui soulève les plaintes des agriculteurs est bien plus sensible parmi les notables du canton, et un département peut se tenir pour favorisé quand le chef-lieu d'arrondissement n'a pas subi l'effet de cette émigration. Aussi est-il impossible de trouver en certains cantons des candidats convenables. De là cette déplorable coutume de faire venir de loin le juge de paix et de jeter ainsi dans un bourg rural un magistrat qui ne connaît ni les usages locaux qui éclaireraient sa justice, ni les mœurs d'une contrée. Ce système n'a pas seulement affaibli l'influence du juge, il a altéré son caractère. Tel personnage déclassé, que nul n'aurait osé proposer au garde des sceaux pour un siège en son arrondissement, a pu briguer, en récompense de je ne sais quel service électoral une justice de paix éloignée de la ville où il est trop connu. Il serait profondément injuste de dire que tous les juges de paix sont des hommes qui n'ont pu réussir dans leur profession première, mais il serait également injuste de nier qu'il n'est pas de déclassé de la politique ou de la basoche qui ne se soit cru propre à être juge de paix, et que malheureusement, dans ce rêve de leur ambition, tous n'ont pas échoué.

Il ne suffit pas de choisir, par un des moyens dont nous parlerons plus loin, un magistrat capable ayant des racines dans le pays et entouré de l'estime publique : il faut que le nouveau magistrat soit assuré contre les volontés d'un ministre qui serait l'instrument trop docile des caprices ou des vengeances locales. L'inamovibilité a été demandée ; mais le corps des juges de paix est tel qu'une assimilation complète avec la magistrature est quant à présent impossible. Lorsque leur niveau sera plus élevé, leur capacité moins contestée, l'inamovibilité pourra leur être conférée. Jusque-là il faut leur accorder une protection sérieuse, non une garantie absolue ; il pourrait être décidé que les révocations ou déplacements n'auraient lieu que sur avis conforme des cours d'appel, qui exerceraient à l'égard des juges de paix une sorte d'action disciplinaire.[1] En dehors de mesures délibérées et motivées, le juge serait assuré de demeurer sur son siège. En certains cas, nous voudrions que l'inamovibilité pût lui être conférée. Dans chaque arrondissement,

---

1 La constitution belge a accordé aux juges de paix l'inamovibilité, mais en revanche elle a exigé d'eux les mêmes garanties de capacité que pour les membres des tribunaux, c'est-à-dire le grade de docteur en droit.

George Picot

un certain nombre de juges de paix recevraient comme marque d'honneur le titre et les fonctions de juge suppléant au tribunal de première instance. Ce serait la récompense de leur mérite et le point de départ de nouveaux travaux ; car, à partir de ce moment, ils seraient appelés à siéger aux audiences du tribunal.

Ce choix de quelques magistrats d'élite par la cour, qui récompenserait de la sorte le mérite modeste des juges de paix, serait plus favorable à l'administration de la justice que la fusion en une grande compagnie judiciaire de tous les juges de paix d'un canton,[1] élevés tout d'un coup au rang de juges au tribunal, sans distinction de la valeur de chacun. Dans l'état de notre magistrature cantonale, on a vu pour quelles raisons nous nous refusions à demander dès à présent une inamovibilité qui serait prématurée. Agir autrement serait accorder à plusieurs une faveur imméritée et surexciter des ambitions sans profit pour la justice.

On a proposé de leur donner des assesseurs. L'institution serait utile, si elle était limitée. Il serait périlleux de placer à côté du juge de paix des jurés permanents. Inutiles si leur rôle était effacé, ils deviendraient dangereux s'ils opprimaient le juge. Quelle pourrait être leur action dans les questions de droit, dans les comptes, dans les débats variés que l'esprit d'un seul magistrat démêle, en faisant à l'audience une sorte d'instruction rapide qu'entraverait la présence de plusieurs juges ? Tout au contraire leur action serait féconde, quand un usage local est invoqué devant le juge de paix. Le magistrat est souvent fort embarrassé. S'il n'appartient pas à la contrée, s'il n'en connaît pas les coutumes rurales, et qu'une question, de métayage, de culture, ou de bornage soit soulevée par une des parties qui fait appel aux usages du canton, le juge de paix sent le désir d'interroger les anciens du pays pour vérifier la pratique locale. Il n'est pas un magistrat rural qui n'ait plus d'une fois dans sa carrière judiciaire éprouvé ce besoin. Pourquoi en une catégorie spéciale d'affaires qui comportent des solutions diverses suivant l'usage des lieux, deux ou quatre notables ne seraient-ils pas adjoints au juge ? On aurait soin de prendre les anciens de la commune. Le tribunal chargé de dresser la liste ne pourrait désigner pour remplir ces fonctions que des citoyens âgés de plus

---

[1] Discours de M. le procureur-général Dauphin, prononcé le 3 novembre 1880 à la rentrée de la cour d'appel de Paris.

III. L'ESPRIT DE RÉFORME ET L'ESPRIT RÉVOLUTIONNAIRE.

de quarante ans : les anciens maires et adjoints seraient inscrits de droit. Ainsi, dans chaque canton, il y aurait un certain nombre d'hommes associés à l'œuvre de la justice. Le fonctionnement de la loi de 1871 sur le jury des loyers a donné aux juges de paix de Paris une grande autorité. L'irritation était des plus vives, beaucoup de locataires se refusaient au paiement, des propriétaires déniaient toute transaction. Le juge de paix, appuyé sur les jurés, a accommodé plusieurs milliers de procès, et ceux-ci ont donné au magistrat une autorité que sans eux il n'eût point possédée. Les jurés ont emporté une opinion plus haute de la justice : en la voyant à l'œuvre, ils ont compris les sentiments qui l'inspiraient. Sous une double forme, il y a eu profit pour la société, qui voyait du même coup la paix rétablie et le respect accru.

A l'aide de ces réformes, la situation du juge de paix serait déjà profondément modifiée. L'élévation de son traitement achèverait de lui donner une autorité qui lui fait trop souvent défaut. Le minimum de 1, 800 francs, c'est-à-dire un peu moins de 5 francs par jour, est dérisoire et ne peut être conservé. Pour quelques-uns, nous le savons, c'est la misère. Si l'on veut recruter la magistrature cantonale parmi des hommes capables, il faut offrir aux candidats un traitement qui leur permette de vivre et donner au juge les moyens de se faire respecter. Le minimum devrait être porté à 3,000 francs. La nécessité de payer convenablement les juges pour assurer leur indépendance est tellement impérieuse que nous ne craignons pas d'accroître sensiblement le budget de la justice. Pour réaliser des économies, on propose l'union de deux cantons : ce système troublera les coutumes sans profit sérieux. C'est d'ailleurs une réforme toute locale qui ne peut dépendre de la statistique et qui doit être subordonnée à l'avis des compagnies judiciaires.

« Mais, nous dit-on, le juge de paix est inoccupé, et la réforme nécessaire est l'élévation de sa compétence. » Si le législateur accordait aux juges de paix ce funeste présent, ils seraient perdus. Lorsque leur capacité se sera élevée, il pourra être question d'étendre leurs attributions. Jusque-là, il n'en faut pas parler. La confiance publique doit précéder l'extension des compétences. Lorsque les incapables auront été exclus, lorsque la sécurité sera rentrée dans le cœur des juges, qu'ils auront perdu ce sentiment d'instabilité qui les paralyse, on pourra songer à leur remettre de nouveaux pouvoirs.

On a raison de parler des juges de paix italiens qui, sous le nom de préteurs, exercent au premier degré une juridiction considérable ; on peut citer l'exemple des juges de paix français en Algérie, dont la compétence étendue rend les plus grands services. En Italie comme dans nos possessions d'Afrique, ces magistrats inférieurs sont recrutés parmi les jeunes gens les plus capables. En donnant pour juges au peuple les hommes les plus distingués, on lui apprend à honorer la justice.

Toutes les réformes que nous venons d'indiquer seraient impuissantes si elles n'avaient pas pour résultat de mettre le juge de paix à l'abri des préoccupations politiques. C'est là l'écueil sur lequel est venue se briser son influence. Lorsque, pendant près de vingt ans, un fonctionnaire révocable a été chargé de recueillir des renseignements politiques sur les habitants de son canton, les habitudes de respect sont perdues. Il faut de longs et persévérants efforts pour faire sortir les juges de paix de l'arène où ils sont descendus ; malheureusement, les coutumes mauvaises sont difficiles à détruire. En février 1870, le ministre de la justice faisait une tentative honorable trois mois plus tard, dans la mêlée du plébiscite, les procureurs-généraux trouvaient commode de se servir des juges de paix. M. Dufaure adressa les circulaires les plus fermes, et il en maintint avec rigueur l'exécution ; le succès commençait à couronner ses efforts, quand un changement de cabinet a précipité de nouveau les juges de paix dans les périls de la politique. Sous prétexte d'exclure les juges appartenant aux partis hostiles, le garde des sceaux est sommé de remplacer tous, ceux qui n'ont pas prêté foi et hommage à l'influence qui domine dans l'arrondissement. Le juge de paix qui ne veut pas obéir aux injonctions des meneurs du comité électoral est dénoncé au député, qui met en demeure le ministre d'en débarrasser sa circonscription. Aux époques troublées, la plus implacable haine est celle que les hommes de parti portent à l'homme qui ne veut être l'esclave d'aucun parti.

Plus l'indépendance dm juge de paix, est compromise, et plus sont urgentes les réformes dont nous réclamons l'accomplissement : nomination sur la présentation du tribunal et des personnes les plus compétentes de l'arrondissement, traitements accrus,

III. L'ESPRIT DE RÉFORME ET L'ESPRIT RÉVOLUTIONNAIRE.

institution des assesseurs en certaines matières, certitude de n'être plus déplacés ou destitués suivant les caprices ou les délations politiques, participation aux travaux du tribunal comme une récompense de leur dévouement à l'œuvre de la justice, tels sont les progrès qui feraient de nos magistrats cantonaux, sans bouleverser nos lois ni nos mœurs, le fondement le plus solide de tout l'édifice judiciaire.

II

L'établissement d'un tribunal au centre de L'arrondissement n'était pas seulement un acte de sagesse politique, c'était une proportion heureusement trouvée et en complète harmonie avec les besoins des populations. Aussi la réaction contre ce qu'avaient fait la révolution et l'empire n'essaya-t-elle pas sérieusement de renverser les bases posées sous le consulat. Des critiques dirigées en 1815 contre la multiplicité des tribunaux il ne resta rien ; c'était un prétexte habilement choisi pour obtenir le remaniement du personnel et la restauration s'écoula sans que la question fût de nouveau agitée.

Ceux qui résistent par habitude d'esprit à toute réforme seraient bien tentés d'attribuer aux mêmes causes la campagne ouverte pour obtenir la suppression des petits tribunaux. Ce serait une profonde erreur. Parmi les adversaires des petits tribunaux, il y a des ennemis de la magistrature, nous ne cherchons pas à le nier, et de ceux-là on sait ce que nous pensons ; mais, depuis trente ans, il s'est produit des faits nouveaux qui ont changé dans notre pays les relations sociales, en rapprochant les distances. Au moyen des chemins de fer, les chefs-lieux d'arrondissement se sont trouvés en contact avec le chef-lieu du département. Cette transformation a été accompagnée d'un déplacement des populations. Le courant qui portait l'habitant des campagnes vers les villes s'est accru dans une proportion qui déroutait les calculs. En même temps le développement de l'industrie a créé des agglomérations immenses. La propriété foncière, jadis la seule, a été éclipsée par l'éclat des fortunes mobilières ; les intérêts qui sont la source des procès se sont transformés comme la richesse publique. Aux contestations nées de la possession du sol ont succédé les litiges soulevés par les sociétés formées à Paris pour les exploitations les plus diverses. Les capitaux ont pris la place de la terre. Cette métamorphose a diminué le nombre des procès. D'autres causes agirent dans le même sens : l'interprétation des lois de plus en plus claire, la fixité du cadastre, l'état civil mieux tenu, le progrès des lumières, exerçaient une action lente. Depuis huit ans, à la suite de nos désastres, l'élévation des droits d'enregistrement a contribué à calmer le zèle des plaideurs. De cette décroissance provenant de tant d'éléments divers sont nés les projets de réduction des tribunaux. En 1848, quelques-unes de ces causes commençaient à peine à se faire sentir ; les propositions furent écartées sans que l'assemblée y prêtât attention. Depuis dix ans, il n'est pas une année qui n'en ait vu éclore une nouvelle, pas un parti politique qui n'ait, sous une forme plus ou moins voilée, reconnu la nécessité de la réduction des tribunaux.

Ainsi il est généralement admis que le personnel des juges est trop considérable en France ; que beaucoup de tribunaux manquent d'occupation et ne trouvent point dans la besogne qu'ils accomplissent la justification de leur existence. Si nous interrogeons la statistique, nous trouvons plus de douze tribunaux qui ne jugent pas 100 affaires par an,[1] trente-huit qui en jugent de 100 à 150, cinquante-huit de 150 à 200 ; en résumé, plus de cent qui n'ont pas à leurs audiences la valeur de 200 affaires dans toute l'année. Se rend-on compte de pareils chiffres ? Sans les rapprocher de ceux de Paris, où le même mode de calcul donne environ 1,500 affaires par chambre, — des grandes villes qui dépassent 4 à 500, — si nous les comparons à des chefs-lieux où ne siège qu'une chambre, nous trouvons soixante-six tribunaux réellement occupés, c'est-à-dire où plus de 300 affaires sont expédiées par trois ou quatre magistrats. Pour une chambre, 400 affaires étant la moyenne convenable, on peut assurer que les cent tribunaux qui jugent la moitié de ce chiffre n'ont pas une occupation suffisante.

La statistique, loin d'inspirer la défiance qui accueille souvent ses données lorsqu'elles semblent favoriser une thèse, doit être ici crue sur parole ; chez les magistrats qui en adressent à la chancellerie les

---

1 Encore, pour arriver à ce chiffre, devons-nous ajouter aux affaires civiles jugées contradictoirement et comptées pour une unité, les affaires correctionnelles et les affaires commerciales évaluées pour un tiers.

III. L'ESPRIT DE RÉFORME ET L'ESPRIT RÉVOLUTIONNAIRE.

éléments et qui en contrôlent, lors de la publication, la rigoureuse exactitude, existe un désir ardent de sauver le tribunal. Le substitut, tout en maudissant le siège auquel il est attachent en cherchant tous les moyens d'en sortir, n'hésite pas plus que le greffier à compter par amour-propre, dans les cas douteux, un incident pour une affaire.

Le fait est donc incontestable ; il y a plus d'une juridiction où les audiences ne demandent au magistrat que peu de jours dans la semaine et peu d'heures dans la journée, où le tribunal est inoccupé en fait, où le président et l'un des juges passent une partie de l'année dans une propriété voisine, où le procureur de la république et son substitut sont alternativement absents, le parquet ne pouvant raisonnablement occuper deux magistrats, de telle sorte qu'à part le rendez-vous hebdomadaire pour une ou deux audiences, tenues coup sur coup, le tribunal n'est représenté sous une forme permanente que par un membre du parquet et le juge d'instruction.

Dans cette existence vide que mènent des hommes instruits, ce qui nous inquiète, c'est le marasme de l'esprit dans lequel risque de s'atrophier leur intelligence. Nous ne sommes pas là en présence de vieillards parvenus à l'âge du repos, mais d'hommes jeunes, ayant accepté des postes de début et tout animés du désir de montrer leur valeur. Ils avaient rêvé, en arrivant, de trouver un champ ouvert à leur activité ; ils sont dans l'âge où le caractère et les habitudes se forment, à l'époque de la vie où s'amassent la science et l'expérience qui feront le jurisconsulte. Et cependant ils ne voient venir ni affaires civiles ni affaires correctionnelles ! Si le procureur de la république ne s'absente pas, le nouveau substitut n'aura pas même une audience. Il se débat dans l'inaction contre l'invasion d'une paresse qu'il ne connaissait pas ; s'il n'a pas en lui-même l'énergie de se créer un aliment suffisant, s'il ne possède pas les moyens de faire parvenir en une ville où ne se rencontre aucune ressource les instruments de travail, il est condamné à se déshabituer du labeur et de l'étude. Que de plaintes nous avons entendues ! quelles amères déceptions chez ces jeunes gens si heureux la veille de leur nouveau titre, nous parlant avec effroi du vide absolu de leurs fonctions, et des collègues dont le précoce engourdissement était l'image de ce qu'eux-mêmes, après quelques années de vie semblable, étaient condamnés à devenir ! — Quand on songe que, dans ces postes de début, où presque tous les magistrats passent, une élite seulement échappe à cette consomption intellectuelle, on ne s'étonne plus que la chancellerie, dans l'intérêt même de la magistrature, ait poursuivi pendant dix ans sous tous les ministères la recherche d'une solution.

La première pensée qui se présente à l'esprit est la suppression des tribunaux les moins occupés. On montre la statistique de tel siège où vingt affaires civiles sont inscrites au rôle annuel ; on demande s'il est possible de conserver un personnel complet pour une telle juridiction et on attend avec confiance la réponse du législateur. — A quelles limites faut-il s'arrêter ? supprimera-t-on les douze, les cinquante, les cent tribunaux les moins chargés ? Ici commence l'hésitation les plus hardis n'ont pas ces scrupules : ils proposent 1 ! organisation d'un tribunal par département, et suppriment sans pitié tous les tribunaux d'arrondissement.

Nous n'admettons aucun de ces projets. Assurément le plaideur ayant quelque aisance n'aurait pas de peine à se rendre au chef-lieu du département ; mais lorsqu'une modification législative rend les frais plus lourds, ce n'est pas aux contribuables aisés qu'il convient de penser, c'est à la masse des justiciables, à celle qui se rend en carriole, le plus souvent à pied, trouver le juge et qui a besoin de ne gaspiller inutilement ni une journée de son travail, ni une heure de son temps. Pour ceux-là, une suppression du tribunal est le plus pesant des impôts ou, pour mieux dire, c'est la justice mise hors de portée, ce sont des transactions onéreuses qu'ils préféreront souscrire plutôt, que faire un voyage de deux jours.

En vain, nous montrera-t-on la ligne de fer qui relie le chef-lieu d'arrondissement au chef-lieu du département. Entre ces deux points, nous dit-on, il ne faut pas plus de temps aujourd'hui que le paysan n'en consacrait, il y a trente ans, à aller au chef-lieu de son canton. — Ce raisonnement ne s'applique qu'aux habitants de la ville. Pour eux seuls, la distance sera courte et ils ne perdront qu'une journée, mais il faut songer aux autres extrémités de l'arrondissement, aux cantons éloignés du chemin de fer, à toutes ces communes, dont les maires, les gardes champêtres, les autorités de toute sorte ont sans cesse affaire à la sous-préfecture, qui ont pris depuis trois générations l'habitude d'y trouver la justice dans ses éléments complets, l'action publique aussi bien que le juge, la

III. L'ESPRIT DE RÉFORME ET L'ESPRIT RÉVOLUTIONNAIRE.

solution d'une affaire civile comme la répression pénale. Aller au chef-lieu d'arrondissement, ce n'est pas se déplacer, c'est encore être chez soi : le paysan y est connu et y connaît tout le monde. Au chef-lieu de département, il est perdu. L'obligera s'y rendre, c'est lui imposer un sacrifice, c'est altérer la pensée de la constituante lorsqu'elle voulut si sagement que la justice fût portée aux pauvres.

A-t-on calculé exactement les frais de transport à la charge des plaideurs ? les indemnités aux témoins ? aux experts ? C'est se tenir au-dessous de la vérité que de prédire un accroissement du tarif s'élevant au triple et au quadruple.

Les justiciables souffriraient donc d'une réforme qui serait tout au profit des magistrats ; les plaideurs seraient contraints de se déplacer pour que quelques juges, rehaussés par la constitution de plus nombreuses compagnies, siégeassent commodément dans les grandes villes. L'avantage du plus grand nombre n'est pas douteux. Voyons si, à d'autres points de vue, l'intérêt public commande une modification.

Quel sera le premier effet de la suppression du tribunal dans l'arrondissement qui en sera l'objet ? Le mécontentement sera universel : nous venons d'en dire les raisons pour les justiciables. Les habitants de la ville seront bien plus irrités. Pour elle, c'est une déchéance. En perdant le tribunal, elle tombe au rang de chef-lieu de canton. Ce n'est pas le sous-préfet, personnage mobile et solitaire, sorte de délégué voyageur qu'envoie le gouvernement central et qui n'a pas le temps de prendre racine, qui communique à la ville le mouvement et la vie ; c'est le tribunal, son président, ses trois juges, ses deux magistrats du parquet et autour d'eux les officiers ministériels, avoués et avocats, appartenant aux anciennes familles du pays, propriétaires de pères en fils. Qu'on songe à tout ce qui vit autour des quinze familles atteintes et qu'on se demande ce que deviendra la petite ville ainsi décapitée. « Les Parisiens, disait en 1849 un député de la gauche, peuvent perdre quelques-uns des magistrats de leurs cours souveraines, à peine ils s'en apercevront en traversant leurs écoles, leurs musées, leurs bibliothèques ; mais, dans une pauvre ville de province, mutilez la magistrature, éteignez tous ces modestes foyers d'où rayonne quelque lueur de science et de poésie, et dites-moi ce qui restera : des rues silencieuses, des

places désertes, une population dont l'âme s'étiole et s'éteint.[1] »
Ainsi s'exprimeraient les habitants des chefs-lieux privés de leurs
tribunaux. Ils prédiraient à coup sûr la chute des petites villes, dont
cette mesure déterminerait l'inévitable et fort prompte décadence.
Et quel moment choisiraient les pouvoirs publics pour une telle
transformation ? Celui où l'on s'effraie, non sans raison, du courant
qui emporte de plus en plus vers les grandes villes la population et
la vie. C'est au milieu des inquiétudes que cause une centralisation
excessive que le gouvernement accélérerait ce mouvement, en
dépouillant les petits centres d'un des éléments de leur activité. Au
point de vue social, ce serait une faute grave dont le contre-coup
politique ne manquerait pas d'être funeste au gouvernement qui
l'aurait commise.

Dans quels arrondissements la suppression serait-elle opérée ?
Si nous consultons la statistique, les tribunaux les moins occupés
sont situés dans les pays de montagnes, dans des régions où
la nature du terrain a empêché le développement rapide des
voies de communication. Si on recule devant tant d'obstacles et
qu'on propose de réduire les suppressions aux tribunaux des
arrondissements dont la viabilité est satisfaisante, on se trouvera
amené à cette bizarre anomalie de maintenir les tribunaux les
moins importants et d'annexer des sièges plus occupés, au risque
d'exciter des jalousies légitimes et de blesser l'équité.

A côté des intérêts en souffrance, il y a des droits qui ne peuvent
être impunément méconnus. Les avoués, les greffiers sont
propriétaires de leurs charges. La suppression du tribunal entraîne
une dépossession immédiate, une véritable expropriation. Il est
impossible de leur enlever leurs charges sans indemnité préalable.
Il faut donc rembourser les offices. Quel que soit le sacrifice
budgétaire, que les chambres soient prodigues et votent des
millions, le froissement des intérêts sera tel qu'il faudra laisser
passer une génération avant de voir la plaie se guérir. Mais qu'on
y prenne garde : aucun des projets de remboursement ne met la
dépense à la charge exclusive de l'état. Par un calcul dont le point
de départ est très équitable, on tient compte de l'augmentation
du nombre des affaires au profit des avoués du tribunal du chef-
lieu et on leur demande de contribuer à l'extinction des offices.

---

[1] Discours d'Antony Thouret 1849, *Moniteur*, p. 436.

III. L'ESPRIT DE RÉFORME ET L'ESPRIT RÉVOLUTIONNAIRE.

Le principe est excellent, mais la mesure de cette contribution, qui osera la fixer ? Qui nous dira le nombre des affaires qui iront du tribunal supprimé au tribunal conservé ? Qui nous dira celles qui se perdront en route ? Qui pourra fonder sur une hypothèse aussi vague l'établissement d'un droit ? Et quelles que soient les bases du calcul, n'est-on pas certain d'ajouter au mauvais effet de la loi en excitant le mécontentement des officiers ministériels aussi bien dans le chef-lieu du département que dans la ville où ils sont supprimés ?

Admettons que, pour un instant, les chambres soient d'humeur à payer largement la réforme, que les indemnités apaisent ces irritations légitimes, il y a des nécessités que l'argent ne pourra pas satisfaire. Que deviendraient les intérêts supérieurs d'ordre public qui sont confiés aux magistrats ? Nous avons dit que les justiciables iraient à grands frais porter leurs procès civils au chef-lieu du département ; mais la justice criminelle ne souffre pas de telles lenteurs. Le procureur de la république et le juge d'instruction, qui doivent l'un et l'autre se transporter sans retard sur le lieu du crime, pourront-ils arriver à temps ? Ne parlez pas ici de déplacer le justiciable. Ni l'incendiaire ni l'assassin n'ont l'habitude d'aller chercher la justice. Il faut de toute nécessité qu'elle apparaisse promptement au milieu de populations terrifiées par le crime et qu'un magistrat dirige les recherches. C'est une première satisfaction accordée à la vindicte publique : ce n'est pas la moins vive. Un juge de paix n'aurait pas, dans l'état de nos mœurs, la même action. Il faut la double impulsion du chef du parquet et du juge. En l'éloignant, n'en doutez pas, vous affaiblissez la répression pénale.

Ainsi les obstacles s'accumulent devant la réforme : embarras politiques et sociaux, difficultés judiciaires, tout se mêle, tout s'unit pour rendre impossible la suppression des tribunaux. Et pourtant leur utilité ne répond pas au nombre des magistrats qu'ils retiennent dans la petite ville. Il faut donc à la fois les conserver pour les besoins des justiciables, les supprimer dans l'intérêt des juges. Comment concilier ces deux nécessités qui s'imposent à titre égal au législateur ? Ce problème n'est pas insoluble. Il existe un moyen de maintenir le tribunal d'arrondissement en lui enlevant le personnel oisif.

George Picot

En examinant la constitution d'un tribunal, on distingue les magistrats dont les fonctions sont pour ainsi dire intermittentes et ceux dont la présence permanente est indispensable. Le procureur de la république doit être présent pour recevoir les plaintes, le juge d'instruction pour les instruire, le président pour le service des référés et des ordonnances. En dehors de ces trois magistrats, les autres juges sont libres de travailler dans leur cabinet ou de vaquer à leurs affaires privées, quand l'audience ne les réclame pas, c'est-à-dire cinq jours sur sept dans les tribunaux peu occupés. Or les trois magistrats nécessaires peuvent être réduits à deux. Rien ne serait plus simple que de donner au juge d'instruction le droit de rendre les ordonnances sur requête et sur référé. Qui ne sait que dès à présent le président qui s'absente lui délègue sans inconvénient ce pouvoir ? Ainsi chaque arrondissement conserverait, avec deux magistrats résidents, toutes les fonctions indispensables aux parties en cas d'urgence ; rien ne serait changé à la police judiciaire, à l'instruction criminelle ; aucun intérêt civil ne serait atteint.

Comment le tribunal ainsi mutilé pourrait-il tenir ses audiences ? On sait que les audiences des petits tribunaux sont aussi courtes que rares. Deux ou trois par semaine figurent sur les registres des greniers. Une audience, deux tout au plus, si elles étaient bien remplies, suffiraient amplement à l'expédition des affaires ; les dates des audiences, plus ou moins rapprochées, suivant les besoins, seraient fixées à l'avance. Au jour indiqué, les deux juges nécessaires au complément du tribunal viendraient du chef-lieu du département.[1] Ils séjourneraient le temps indispensable pour épuiser le rôle, et ainsi, dans ces audiences, les affaires s'expédieraient sans retard comme sans dérogation aux usages consacrés.

Aucun centre judiciaire n'est détruit ; les relations entre les tribunaux, les compétences sont les mêmes. Les plaideurs qui ont l'habitude de se rendre, pour entendre plaider leur affaire, chaque semaine à l'audience la verront s'ouvrir à la même heure. Que leur importe dès lors que les trois magistrats ne soient pas habitants de la même ville ? Ont-ils à s'occuper du domicile de leurs juges ? Du

---

1 Dès que la capacité des juges de paix le permettrait, nous voudrions que l'un de ceux qui auraient été pourvus du titre de juge suppléant au tribunal fût convoqué pour ces audiences ; un seul juge viendrait de la sorte du chef-lieu du département.

III. L'ESPRIT DE RÉFORME ET L'ESPRIT RÉVOLUTIONNAIRE.

moment où les magistrats sont entourés des garanties de capacité, que le personnel du tribunal est connu, que ses éléments sont fixes, le voyage qui les amène est étranger au justiciable, qui n'a ni raison de s'en alarmer ni le droit de s'en plaindre.

Les conditions dans lesquelles s'accomplirait la réforme sont tout indiquées : prenons pour type le département d'Eure-et-Loir, que sillonne le réseau de chemin de fer le plus complet. Le personnel des tribunaux de Dreux, de Nogent-le-Rotrou et de Châteaudun serait réuni à celui de Chartres. De sept, le tribunal de Chartres verrait s'élever le nombre de ses juges à seize. De ce chiffre, il faut déduire les trois juges qui devront présider aux sièges des tribunaux d'arrondissement et que le garde des sceaux désignera pour trois ans sur la présentation du premier président. Le tribunal de Chartres, composé de treize membres résidents, sera trop nombreux, il devra être réduit par voie d'extinction, et comme ce mode de réduction, le seul respectueux des droits acquis, serait fort long, il conviendrait de chercher un expédient, tel que le droit donné au garde des sceaux, non certes de choisir ses victimes, mais de conférer aux magistrats, sur leur demande, la pension de retraite avant l'âge légal. Ce travail achevé, le nombre des magistrats du parquet dans le département serait réduit de trois, celui des juges de six. Le tribunal de département serait pourvu avec les sept magistrats conservés. Ce chiure est largement suffisant pour assurer le service de douze heures d'audience que tiennent par semaine, les juges du tribunal et pour trouver le temps dans les cinq jours libres d'aller présider l'audience d'arrondissement.

Si, en France, les conditions de viabilité permettent, de réunir actuellement le personnel de cent cinquante sièges, quatre cent cinquante magistrats de tribunaux seraient supprimés.[1]

Lorsque ce système a été proposé, le 15 novembre 1876, par M. Dufaure, alors garde des sceaux, dans le projet présenté au sénat, l'attention publique était distraite. Beaucoup de magistrats niaient encore la nécessité d'une réforme ; on pensait que les tribunaux d'arrondissement, sous leur forme actuelle, pouvaient être sauvés ;

---

[1] Le projet déposé par M. Vente le 18 novembre 1875 concluait à la suppression de 218 magistrats de tribunaux. Rédigé par des magistrats après examen des travaux de chaque siège, il donnait les résultats les plus précis. Il y aurait à examiner quelles rédactions pourraient être faites de ce chef.

George Picot

on ne parut frappé que de la nécessité imposée aux magistrats de se rendre du chef-lieu du département au chef-lieu d'arrondissement. Il semblait que le juge ne pût, sans déroger, se déplacer pour aller tenir une audience.

Ce sont là des exagérations qui compromettent la magistrature en voulant la mettre dans une sphère à part. Nous avons vu dans d'autres pays des juges voyager pendant des mois entiers pour rendre la justice dans de longs circuits, passer par tous les wagons et toutes les voitures publiques sans que le respect cessât de les entourer. A ces singuliers scrupules quel démenti ne donnent pas nos conseillers de cour d'appel trouvant à leur arrivée dans les villes d'assises un prestige qu'ils doivent à la distance autant qu'à leur rang ! quand le juge venu pour présider arrivera du chef-lieu du département, qu'on se rassure, nul ne songera à récuser son autorité, Est-ce donc la fatigue imposée aux magistrats qui doit nous empêcher de soutenir la réforme ? En vérité, pour un certain nombre de tribunaux, cet argument ne semble pas sérieux. A-t-on calculé les difficultés que le juge de Versailles rencontrerait s'il lui fallait aller à Rambouillet pour y tenir chaque semaine une audience ? En trente-huit minutes par l'express, en une heure par les trains lents, il se rendrait à Rambouillet et reviendrait chaque soir. Il est vrai que nous choisissons un des voyages les plus simples ; mais sait-on qu'il y a plus de cinquante tribunaux qui sont séparés par des distances aussi courtes ? Pour de tels déplacements, quelle objection peut-on découvrir ? Dans le tribunal le plus occupé de France, combien de magistrats, combien de membres du barreau qui chaque jour se rendent dans le chef-lieu du département voisin où est fixée leur résidence ! Or nous ne songeons pas à appliquer la réforme à des tribunaux exigeant comme celui de Paris cinq audiences par semaine. — Il y a mieux : les mœurs semblent avoir précédé la loi. En certains sièges, les magistrats habitent presque tous le chef-lieu du département et viennent au tribunal pour les audiences. L'impossibilité alléguée par les adversaires du projet ne repose sur aucune base ; ni la dignité ni la fatigue ne peuvent faire repousser ce système.

Il faudrait, en vérité, s'entendre et pour cela discuter sans réticences. Que veulent les adversaires du projet ? qu'espèrent-ils ? Conserver indéfiniment sous leur forme actuelle les tribunaux d'arrondissement. Il n'y faut plus songer. De tous côtés, les critiques s'accumulent. Parmi les magistrats, comptez ceux qui défendent l'état actuel sans changements d'aucune sorte ; vous serez frappés de leur isolement. La plupart se moquent « des juges ambulants » et cherchent par une plaisanterie à esquiver la discussion. Il faut cesser ce piétinement dans lequel les forces s'usent, et se mettre en marche. Prendre un parti, le prendre vite, montrer aux intérêts menacés qu'on entend les épargner, qu'on est aussi résolu à leur donner des garanties qu'à rendre aux magistrats, avec un labeur convenable, une dignité que l'oisiveté compromet, voilà la seule conduite à tenir.

Nous avons montré qu'on ne pouvait songer à détruire le centre judiciaire de l'arrondissement, que le juge de paix isolé était insuffisant, que les assises des juges de paix n'étaient pas encore entrées dans nos mœurs, qu'un système mixte rapprochant sur l'ancien siège les éléments irréductibles du tribunal, et un juge de paix voisin sous la présidence d'un juge de département présentait toutes les garanties, qu'il avait ce rare mérite de pouvoir être établi sur-le-champ sans que les populations, si intéressées à la solution pacifique d'un tel problème, ressentissent, le jour de la mise en marche des nouveaux rouages, le moindre trouble dans leurs habitudes ; avocat, avoué, juge, parquet, le justiciable trouve tout, auprès de lui, comme par le passé. Les villes continuent à être le chef-lieu d'une circonscription judiciaire : elles perdent trois magistrats ; mais la situation de ceux qui restent est accrue, et le mouvement des affaires reste le même. L'état réalise une économie qui lui permet de rémunérer plus dignement les services et, tandis que la réforme judiciaire, menaçant d'alourdir les frais, devait lui coûter, en diminuant les procès et les produits de l'enregistrement, il se trouve en mesure de faire mieux sans grever le budget. La magistrature en recueillera des avantages considérables ; elle verra les compagnies nouvelles jouir d'une situation que n'ont jamais connue les tribunaux d'arrondissement. Enfin les divisions judiciaires, entrées dans les mœurs, ne seront pas bouleversées.

Ainsi les abus sont corrigés sans que rien dans nos lois, rien dans nos usages soit changé. Nous nous souvenons de bien des réformes accomplies dans le passé. Nous n'en connaissons aucune qui ait pu se faire, comme celle-ci, en satisfaisant tous les intérêts.

George Picot

Faut-il réduire le nombre des cours d'appel ? Beaucoup de gens le pensent. Nous ne souhaitons pas actuellement une telle réforme. Elle ne nous semble pas déraisonnable, mais inutile. Nous suivons avec intérêt les calculs des partisans de la réduction ; nous approuvons les nouveaux ressorts habilement découpés, les départements groupés suivant leurs affinités naturelles, mais tous ces projets s'écroulent quand nous nous demandons le profit positif que la magistrature en tirera. S'il y avait des cours ne comprenant que dix membres, certes il serait nécessaire de réunir deux d'entre elles pour constituer des compagnies solides, mais elles dépassent vingt. Bien avant ce chiffre, l'esprit de corps se développe et l'autorité de la compagnie s'exerce. Elles sont trop peu occupées, dit-on ; nous en tombons d'accord, mais est-ce une raison de les détruire, et ne peut-on commencer du moins par diminuer le personnel ?

C'est la seule mesure qui nous paraisse opportune. Nous sommes touchés, nous l'avouons, du désir de ne rien bouleverser dans les lignes générales de notre organisation judiciaire. Ce qui a duré quatre-vingts ans, en un pays mobile comme le nôtre, est sacré. Au centre des ressorts se sont formées des habitudes, sont nées des traditions, ont grandi des barreaux qu'il serait impolitique de briser à la légère. A coup sûr, on pourrait faire mieux, il serait facile de tracer des ressorts d'une main plus large, mais à ces créations artificielles combien faudrait-il d'années pour donner la vie ? Là est la question que le temps seul, et non le caprice des hommes, peut résoudre. D'ailleurs, quelle étrange contradiction que d'avoir sans cesse à la bouche le mot de décentralisation et de porter à certaines villes un coup mortel, qui augmentera le courant d'émigration vers les grands centres ! Laissons debout ce qui existe, profitons de ce qui est bien, et ne touchons qu'aux abus démontrés par l'expérience.

Il en est un que signalent presque tous les magistrats. Pourquoi juger à sept les affaires civiles ? comment la loi ne fixe-t-elle pas à cinq le nombre des conseillers nécessaires à la validité d'un arrêt ? En matière d'appel correctionnel, c'est le chiffre voulu par la loi. Pourquoi ne pas le rendre général ? Cette observation est d'autant plus juste que les nécessités du service augmentent le plus souvent le nombre des magistrats qui siègent. Dans les intervalles des sessions d'assises, dans les temps où la cour est au complet, les arrêts sont rendus par neuf et dix conseillers. En ramenant le minimum de sept à cinq, les conseillers seront en réalité plus souvent sept que cinq. On s'alarme des non-valeurs, dont l'influence serait accrue. Il faut bien se convaincre que les juges médiocres sont plus dangereux dans des délibérés où le nombre excessif des magistrats permet à des courants subits de déplacer une majorité que dans des réunions de cinq, six ou sept conseillers, où la discussion se prolonge davantage, où la voix de chacun a un poids plus considérable, où nul n'abdique s'il a une conviction, où enfin la discussion n'est jamais close par l'intolérance. Un minimum de trois au tribunal, de cinq à la cour, nous parait en proportion. Des magistrats fort expérimentés le souhaitent, ceux qui hésitent encore reconnaissent qu'avec des garanties d'aptitude plus sérieuses, la justice ne courra aucun risque.

A cette réforme, qui supprimerait deux magistrats par chambre civile, soit environ cent sièges de conseillers, il faut ajouter la diminution que pourrait produire la comparaison entre le personnel et le nombre des appels. La commission réunie à la chancellerie en 1874 était composée de magistrats, adversaires déterminés des suppressions de juridictions : elle ne peut être suspecte, quand elle déclare que les cours doivent être réduites de quatre-vingt-onze conseillers et de trois avocats-généraux. La commission fit observer que ces chiffres étaient un minimum et que le travail imposé à tous les magistrats par ces réductions serait loin d'atteindre celui des cours les plus chargées.

Ainsi la suppression de deux cents sièges et une économie d'un million peuvent permettre aux chambres de commencer peu à peu à relever les traitements. Ce sera là une première et légitime satisfaction donnée au sentiment public. Assurément un jour, si le nombre des procès décroît, si certaines cours semblent abandonnées par le courant des affaires, il y aura peut-être des ressorts à fondre. Ce sera l'œuvre de l'avenir. Dans cette étude nous sommes résolus à ne songer qu'au présent.[1]

---

[1] La cour de cassation n'a soulevé de critiques que sur un point. La chambre des requêtes a été vivement attaquée au profit d'une seconde chambre civile. Cette transformation briserait la jurisprudence. Son unité tient à l'existence d'une seule chambre civile. Noos insisterons ailleurs sur la nécessité de conserver l'organisation actuelle.

George Picot

IV

Si nous nous sommes fait comprendre dans les pages qui précèdent, il sera devenu évident pour le lecteur que le problème de l'organisation judiciaire se concentre presque entièrement sur le choix des magistrats. De la valeur du juge dépendent la bonté de la justice et l'effet salutaire des lois. Il faut que le juge connaisse également les textes et les hommes, qu'il ait étudié et réfléchi, que son instruction soit profonde et son esprit droit : en un mot, qu'il soit capable de discerner le vrai. Mais ce premier mérite serait insuffisant si le juge n'avait pas autant de courage que de science. Toute sentence porte aux parties la satisfaction ou la tristesse : celui qui rend la justice ne doit pas être plus ébranlé par le désir de plaire que par la crainte de déplaire. S'il n'a en vue que la poursuite da juste, en faisant abstraction des personnes, il est véritablement indépendant.

L'intelligence et l'indépendance sont, les deux qualités indispensables au magistrat. En recherchant le meilleur mode de nomination, nous ne ferons que mesurer les moyens les plus efficaces pour découvrir ces qualités et en respecter l'exercice chez les hommes qui prétendent juger leurs semblables.

Parmi ceux qui ont approfondi cette matière, il y a deux opinions : les uns estiment que la magistrature doit être la profession de toute une vie, qu'on ne saurait s'y préparer trop tôt, ni s'y consacrer avec trop de soin ; les autres y voient le couronnement d'une carrière poursuivie au barreau ou dans la pratique des affaires. Cette divergence tient à ce que chacun considère le juge sous un aspect particulier. Les premiers s'occupent du caractère, les seconds s'attachent aux lumières de l'esprit. Les premiers ont pour idéal un magistrat modeste ayant hérité des mœurs et des vertus paternelles ; les seconds voient un avocat à la tête de son ordre, mettant au service de la justice l'expérience et la renommée de sa vie.

Nous pensons que tous deux ont raison et notre souhait serait de faire servir à l'autorité de la magistrature ces éléments divers, également utiles à sa constitution. Pour indiquer comment nous pourrons les faire entrer dans la composition des corps judiciaires, il faut examiner successivement les conditions d'*admission dans la magistrature*, ce qui nous mettra en présence des jeunes gens, et les conditions d'*avancement et de nomination*, dans lesquelles nous comprendrons l'entrée des jurisconsultes éprouvés.

Dans nos corps judiciaires tels qu'ils existent, le recrutement ne peut se faire exclusivement à l'aide d'avocats ayant conquis une situation personnelle. En Angleterre, il n'y a pas chaque année plus de trois ou quatre grands sièges à pourvoir ; en France, cent cinquante places au moins viennent à vaquer annuellement. Il est donc impossible de se contenter de choisir ceux que met en première ligne l'émulation du barreau. Pour les postes de début, il faut trouver des hommes qui, à l'entrée de la vie, se dévouent à la carrière judiciaire.

Les auditeurs nommés auprès des cours et des tribunaux ont formé jusqu'en 1830 une pépinière abondante. Au point de vue strictement professionnel, cette institution fut très utile, mais le mode de recrutement assurait ces places à la faveur. A ce noviciat judiciaire succéda la suppléance, tour à tour supprimée, parce qu'elle arrêtait tout avancement, et rétablie par la force des choses. La chancellerie et les parquets s'adjoignirent des attachés, jeunes stagiaires, qui devenaient peu à peu des rédacteurs habiles et soigneux dans l'art d'administrer un parquet. Trop éloignés des travaux de l'audience, ne sortant des bureaux que pour essayer à la cour d'assises la défense de quelque accusé, ils négligeaient presque entièrement le droit civil, à moins que le dévouement de quelque magistrat d'élite n'ouvrît pour ces futurs substituts une conférence, mais cet effort était exceptionnel, et les attachés ont fourni plus d'administrateurs que de magistrats d'audience.

Auditeurs, juges suppléants, attachés, telles ont été les formes successives et imparfaites d'une même pensée, souvent poursuivie et jamais réalisée. La constitution d'un noviciat judiciaire a été souhaitée à diverses reprises par les magistrats. — Un stage à l'entrée de la magistrature est nécessaire. — Ce stage doit être accordé au mérite et non à la faveur. Les conséquences se dégagent naturellement de ces principes. Ne serait-il pas aisé d'instituer auprès des tribunaux une école de magistrats où ne seraient admis que les plus dignes ? Le concours leur en ouvrirait les portes, et chaque année les jeunes gens les plus distingués s'offriraient aux magistrats pour les seconder et s'instruire à leur exemple. Entrons dans quelques détails, et voyons si ce projet est chimérique.

Le concours n'a rien qui doive effrayer ; chaque jour, il entre davantage dans les mœurs. Peu à peu toutes les carrières sérieuses l'ont exigé : l'instruction publique, l'inspection des finances, les ponts et chaussées et les mines, le génie et l'artillerie, l'auditorat au conseil d'état et à la cour des comptes, se recrutent de la sorte ; depuis peu d'années, les secrétaires d'ambassade eux-mêmes y sont soumis. Pourquoi la magistrature y échapperait-elle ? En 1875, M. Dufaure avait établi un concours périodique dont il est bon de rappeler les formes, car cette institution, détruite par ses successeurs, sera certainement rétablie par un garde des sceaux soucieux de la dignité judiciaire.

Ce concours ne donnait pas droit à un poste de substitut. Les candidats reçus entraient dans un corps d'attachés, répartis entre la chancellerie et les parquets des cours et des tribunaux. A la suite d'un premier concours, le conseil d'état fut saisi d'un projet de règlement d'administration publique et, en 1876, la réforme paraissait consacrée. Plus de quatre-vingts candidats, docteurs en droit, s'inscrivirent au concours de décembre 1876 ; le jury, présidé par un membre de la cour de cassation, comprenait des professeurs de la faculté, des magistrats et des membres du barreau. Les épreuves donnèrent les résultats les plus remarquables. Un tiers seulement des admissibles fut repoussé. La moyenne des épreuves fut telle que le jury, après avoir classé par ordre de mérite les seize premiers candidats qui allaient être nommés attachés, n'hésita pas à en recommander seize autres à l'attention du garde des sceaux. L'expérience avait dépassé toutes les prévisions, et, en décembre 1876, les juges du concours, en voyant comment étaient sortis de l'obscurité des hommes de savoir et de mérite pour lesquels la magistrature ne se serait ouverte que très tard et très difficilement, auraient été bien étonnés si on leur eût dit que cette réforme serait abandonnée par des politiques se disant partisans de l'égalité des droits. La cause des concours semblait gagnée. Elle l'était en effet pour tous les esprits sérieux. Les concours qui eurent lieu à Paris en 1877 et en décembre 1878, ceux de Caen et de Toulouse en 1878, furent marqués par les découvertes les plus heureuses d'intelligences mûries par le travail et dignes d'honorer la justice.

III. L'ESPRIT DE RÉFORME ET L'ESPRIT RÉVOLUTIONNAIRE.

Les rapports s'accordaient à louer la valeur des concurrents, et ceux qui se sont trouvés en contact avec ces jeunes esprits savent quelles espérances ils permettaient de concevoir. Aujourd'hui, le règlement d'administration publique est délaissé, et la plupart des substituts sortis des concours sont révoqués. Au mode de recrutement le plus démocratique les derniers ministres ont préféré celui qui nourrit de faveurs l'avidité des partis. Quand le tourbillon des appétits et des haines aura passé sur nos têtes, le concours reprendra la place qu'il a conquise et que magistrats, professeurs de faculté et avocats s'accordent désormais à réclamer pour lui.

Seulement il faudra surveiller strictement les épreuves pour que la capacité des concurrents n'en hausse pas indéfiniment le niveau. Le concours tel que nous le comprenons à l'entrée de la magistrature n'est pas destiné à vérifier uniquement la science des candidats. Docteurs en droit, ils savent assurément ce que la chancellerie doit exiger d'un jeune magistrat. Ce qu'il s'agit d'apprécier, c'est la valeur de leur esprit, la sûreté de leur jugement, ce que vaut leur style, en d'autres termes, comment ils sauraient exprimer leur pensée à l'aide de la plume ou de la parole. Voilà le vrai sens de l'épreuve, il serait périlleux d'en faire un examen de mémoire. Au lieu de refuser les livres, nous voudrions en multiplier le nombre, afin de mieux juger ce que le discernement des candidats saura tirer de l'abondance même des matériaux. De l'examen sortiraient vainqueurs non les candidats les plus brillants, mais ceux qui auraient montré l'esprit le plus juste, le sens le plus droit, la meilleure méthode et cet ensemble de qualités qui font le vrai magistrat.

C'est ici que commence pour le jeune docteur en droit le noviciat judiciaire. Nommé auditeur près d'un tribunal important, il serait appelé à participer avec ce titre, pendant trois ou quatre années, aux travaux des juges et du parquet. Il assisterait aux audiences et aux délibérations de la chambre du conseil, mais il n'aurait en aucun cas voix délibérative. S'il était charge de certaines enquêtes sommaires, de rapports sur pièces ou de comptes, il ne pourrait agir que sous la responsabilité d'un juge titulaire, dont il serait en quelque sorte l'auxiliaire. Dans les travaux du parquet, il pourrait, sur la délégation du procureur de la république, montrer plus d'initiative, soit qu'il fût envoyé à l'audience pour tenir le siège d'un substitut, soit que, dans les missions diverses du parquet, il remplaçât l'un des membres du ministère public. Les auditeurs ne jouiraient pas du privilège de l'inamovibilité, mais ils ne pourraient être déplacés que de l'avis du tribunal. Ils recevraient une indemnité égale au quart du traitement du juge. Les années qui s'écouleraient de la sorte seraient bien employées. Elles permettraient aux stagiaires d'amasser quelque expérience, aux chefs et aux anciens du tribunal de voir s'ils ont les qualités natives qui font le magistrat. De plein droit, le terme expiré, ils quitteraient le tribunal, reprenant leur robe d'avocat et rentrant au barreau, non sans avoir acquis quelque profit et avec l'espérance d'une présentation par le procureur-général pour un poste de substitut ou par un tribunal pour un siège de juge.

Avec cet ensemble de garanties, les procureurs-généraux et les tribunaux auraient sans cesse devant eux un nombre suffisant de jeunes gens d'une capacité reconnue, dont ils suivraient les travaux, dont ils connaîtraient la valeur et dont ils verraient peu à peu se former les mœurs et l'esprit judiciaire ; la tradition se trouverait représentée par ces jeunes gens dans le sein d'une compagnie qui les aurait en quelque sorte adoptés. Sans aucun des inconvénients des anciens auditeurs, sans le péril d'une inamovibilité prématurément accordée, on verrait renaître tous les avantages de ces recrues ardentes au travail, apportant un sang nouveau et rajeunissant de leur énergie les magistrats dont l'âge ralentit quelquefois l'activité, bien avant d'affaiblir l'intelligence.

Appuyée sur le concours et sur l'auditorat, la magistrature retrouverait ses forces. « Nous vivons à une époque, — disait en 1876, avec une profonde perspicacité, le garde des sceaux qui a institué le concours sans avoir eu le temps de le compléter par l'auditorat, — nous vivons à une époque où toutes les fonctions publiques qui ne sont pas données à l'élection doivent se défendre par le mérite de ceux qui les occupent. Nous n'échapperons à l'application des théories fausses qui se sont fait jour dans ces derniers temps relativement à l'élection des magistrats qu'à la condition de ne laisser entrer dans la magistrature que des jeunes gens capables, instruits, ayant déjà fait leurs preuves et conquis l'estime de ceux qui ont assisté à leurs débuts.[1] »

---

1 Circulaire de M. le garde des sceaux Dufaure, 4 juin 1876.

III. L'ESPRIT DE RÉFORME ET L'ESPRIT RÉVOLUTIONNAIRE.

V

L'inamovibilité, dont nous avons si souvent parlé, ne sert qu'à rassurer le magistrat contre la haine du plaideur ou contre le mécontentement du pouvoir qui le ferait descendre de son siège pour le punir d'un jugement. Elle ne crée pas à elle seule l'indépendance et ne protège le juge que contre un seul danger : la perte de sa charge. Il est d'autres écueils contre lesquels peut sombrer la liberté d'esprit du magistrat. Notre hiérarchie judiciaire contient des degrés qu'il est dans l'a nature de l'homme de vouloir franchir : le juge suppléant privé de traitement veut devenir juge, le juge aspire à une présidence, Le président rêve la robe rouge, le conseiller calcule à quelle époque les mises à la retraite lui permettront de présider une chambre, et la cour de cassation brille au sommet comme le but réservé dans cette course de la vie aux plus heureux. Ces degrés d'honneur offrent, par la différence des traitements insuffisants aux premiers échelons, un attrait de plus aux magistrats, en leur faisant entrevoir les sollicitations comme un devoir de père de famille. Ceci est un grand danger pour la justice, car les juges, pouvant sans cesse aspirer à s'élever, tournent trop souvent leurs regards vers celui qui distribue l'avancement. « On avance dans les tribunaux, disait M. de Tocqueville, comme on gagne des grades dans une armée. On veut que les juges soient inamovibles pour qu'ils restent libres ; mais qu'importe que nul ne puisse leur ravir leur indépendance, si eux-mêmes en font volontairement le sacrifice[1] ? »

Ce désordre, tout grand qu'il soit, n'est pas le seul. Le garde des sceaux, à qui appartient le pouvoir exorbitant de récompenser les juges en leur accordant la promotion en un rang supérieur, peut bien plus. Il peut nommer parmi les magistrats qui bon lui semble aux hautes charges de la magistrature, d'un trait de plume, par une libre et solitaire décision : il est maître de ne pas respecter la hiérarchie ; si le juge objet de sa faveur est âgé de trente ans, il peut en faire un président à la cour de cassation, il peut le mettre à la tête d'une cour d'appel, et ce que son caprice aura décidé, l'inamovibilité le couvrira de sa garantie tant que vivra le magistrat. Il peut aussi bien prendre un avocat obscur, mal famé, sans cause,

---

1 *De la Démocratie en Amérique*, t. II, p. 178 ; note 2.

George Picot

inscrit d'hier en quelque tableau de petit tribunal et jeter sur ses épaules un manteau d'hermine, sans que nul ait le droit de protester efficacement, sans qu'une compagnie puisse refuser ni même ajourner l'investiture. Et cet acte dont dépendent la vie, l'honneur, les intérêts les plus sacrés des citoyens sera irrévocable, et celui qui l'aura accompli ne sera l'objet d'aucune responsabilité effective. « Il est hors d'exemple, dit le duc de Broglie,[1] qu'un ministre de la justice ait été poursuivi pour avoir fait un mauvais choix ; il n'est même guère concevable qu'il puisse l'être. Lorsque le mauvais choix est fait, les convenances ne permettent pas d'en faire un sujet de discussion à la tribune ou dans les journaux. » Et l'ancien président du conseil déclare qu'il a vu, dans sa carrière politique, « des choix répréhensibles, des choix de parti, des choix très révoltants, » sans que personne ait pu s'en plaindre publiquement. Il nous montre le ministre assailli de demandes, ne connaissant pas la centième partie des juges lorsqu'il arrive à la chancellerie, excité par des amis politiques, poussé par tout le monde, retenu par personne, « maître d'en faire à sa tête et d'agir comme bon lui semble, sans contrôle de la part de qui que ce soit ; » il se demande enfin s'il est possible de croire que le ministre soit suffisamment éclairé, libre de résister aux sollicitations, aux importunités, qui l'accablent.

Quelle vérité dans ce tableau ! Et combien il est devenu plus frappant encore depuis quelques années ! Une révolution avait changé tous les parquets, un gouvernement régulier a fait rentrer la plupart des magistrats et, selon le vent des majorités, quatre fois en dix ans, des orages ont passé sur les corps judiciaires en renouvelant les parquets à ce point que la politique semblait avoir créé un roulement dans le personnel amovible. Jamais l'esprit de sollicitation ne s'est donné telle carrière : il en est arrivé à inventer de nouveaux moyens d'assiéger la chancellerie. On a vu des députations entières s'assembler pour se rendre auprès du ministre, afin d'obtenir une nomination ou d'arracher avec non moins d'ardeur une destitution. Lorsque les députés étaient à bout d'efforts, l'un des groupes politiques se mettait en mouvement ; dans les grandes circonstances, les trois groupes de la majorité déléguaient leurs présidents pour signifier au cabinet que toute hésitation hâtait sa chute. Quelle obstination ou plutôt quelle

---

[1] *Vues sur le gouvernement de la France*, p. 148.

III. L'ESPRIT DE RÉFORME ET L'ESPRIT RÉVOLUTIONNAIRE.

fermeté de conscience ne fallait-il pas déployer pour résister à tant de manœuvres ! Avec un garde des sceaux prêt à obéir aux menaces, il n'était plus besoin de tant de façons : les vœux étaient exaucés aussitôt que formés ; les députés se faisaient comprendre d'un signe ; ils n'avaient plus à se déranger, et leurs souhaits étaient accueillis dans les couloirs mêmes du Palais-Bourbon. Ainsi se perfectionnait le système décrit jadis par le duc de Broglie ; il avait peint un ministre de la justice disposant, dans son omnipotence, du sort de la magistrature : les partis ont fait des gardes des sceaux sortis de leurs rangs les instruments dociles des caprices de quelques députés usant de leur toute-puissance pour la satisfaction de leurs rancunes. Nous avions protesté sous les ministères de droite. Que dirons-nous aujourd'hui que le scandale est tout autre ? Il n'est pas admissible qu'un membre de l'une des chambres, porté tout d'un coup à la chancellerie par le flot de la politique, devienne à la fois le chef et le maître de la magistrature, que dans son passage de quelques semaines ou de quelques mois en l'hôtel de la place Vendôme, sans conseil, sans appui, sans contrôle, sans autres lumières que ses propres passions, il puisse, selon les hasards de la mort ou de la limite d'âge, disposer des plus grandes charges de l'état, et en investir à jamais ses amis et ses créatures.

Nul ne peut méconnaître ce mal. Nous ne faisons aujourd'hui qu'en ressentir les premières atteintes sans en mesurer encore toute l'étendue. Les désordres du « service civil » aux États-Unis pourraient seuls en donner l'idée. Des centaines de fonctionnaires arrivant avec un ministre et tombant avec lui, un continuel travail d'épuration fondé sur la défiance et la délation, et dans cet incessant va-et-vient d'un personnel mobile, chaque parti, chaque groupe, chaque fraction offrant des cadres tout prêts qui cherchent les moyens de supplanter les titulaires au profit de leurs ambitions : telle est l'image que nous offre l'Amérique. Ses plus vifs admirateurs l'avouent et en gémissent. Nous n'éviterons ces abus qu'en dressant autour des fonctionnaires de tous ordres les conditions techniques les plus propres à les défendre. Si nous n'y prenons garde, un changement de cabinet et de politique atteindra bientôt dans le fond des provinces, après le juge de paix, l'agent-voyer et le facteur rural. N'hésitons pas du moins à sauver de cette anarchie les corps judiciaires.

George Picot

Trois moyens se présentent d'arracher la magistrature à l'action excessive du pouvoir exécutif : l'élection, la cooptation, les présentations. L'école radicale propose l'élection populaire ; bien plus, elle l'impose au nom des principes ; à l'entendre, le peuple est l'unique source des pouvoirs ; il faut aller puiser dans son sein l'autorité nécessaire aux jugements ; si on hésite, elle rappelle les délibérations de la constituante et ferme la bouche à ceux qui hasardent des objections en déclarant que la démocratie veut des juges élus et que les esprits timorés qui le contestent méconnaissent la condition essentielle des gouvernements populaires, Nous avons eu occasion de dire pourquoi l'idée de justice nous paraissait exclusive de l'idée d'élection. L'indépendance du juge nous semble aussi incompatible avec le rôle précaire du candidat qu'avec les inquiétudes du titulaire qui voit approcher la date de sa réélection. Établir le suffrage à l'entrée du prétoire, c'est mettre le magistrat à la merci du justiciable. Pourquoi aurait-on détruit les épices, s'il fallait que le plaideur offrît désormais au juge un bulletin de vote qui en tiendrait lieu ? L'exemple de l'Amérique nous sert d'enseignement et de leçon ; celui de la Suisse ne nous touche pas. Si les juges ne sont pas corrompus, leur médiocrité n'est pas douteuse. D'ailleurs, qui ne sait ce que parmi nous l'ardeur des partis allumerait de brigues ? Laissons donc de côté un système absolu que condamnent à la fois le bon sens, l'expérience et l'histoire.

Aussi les plus avisés proposent-ils des élections mitigées, en recourant à des collèges spéciaux dont le trait commun serait de faire pénétrer dans la nomination des juges l'élément populaire. Nous avons dit ce que nous pensions du mélange de la justice et de la politique. Le choix par les compagnies ne doit pas être moins sévèrement condamné. Excellente pour assurer le recrutement d'une compagnie savante, la cooptation ne saurait convenir en une démocratie pour la constitution d'un des corps de l'état. En prenant de la sorte les défauts d'une caste étrangère aux besoins et aux sentiments du dehors, la magistrature périrait sans trouver un défenseur, comme les anciens parlements.

Ainsi nous avons écarté l'élection par le peuple, qui asservit et corrompt le juge, l'élection par les magistrats eux-mêmes, qui rétrécit l'esprit et surexcite l'intérêt personnel. Entre ces deux origines, l'une trop étendue, l'autre trop restreinte, nous trouvons le système des présentations. De nos jours, la Belgique nous en a donné l'exemple : les conseillers à la cour de cassation sont nommés sur deux listes présentées l'une par le sénat, l'autre par la cour. Les conseillers des cours d'appel, les présidents et vice-présidents des tribunaux sont choisis sur deux, listes présentées l'une par la cour, l'autre par les conseils provinciaux. Les listes sont publiées au *Moniteur*, et, quinze jours après, la nomination est faite par le roi. Les commissions de 1848 et de 1870 confièrent l'une et l'autre les présentations à des éléments divers tirés de la magistrature et des corps, électifs préparant en commun des tableaux de candidatures. Mais ce système n'eût-il pas provoqué des tiraillements et les froissements, suites inévitables de la réunion, en une même assemblée, des barreaux et des magistrats rencontrant les élus du suffrage politique ?

Et cependant, il faut éclairée le. garde des sceaux, il faut trouver un moyen de le délivrer de sollicitations effrontées qui deviennent la plaie de nos corps judiciaires. M. le duc Victor de Broglie a proposé un procédé, qu'il convient de rappeler. Il voudrait que toute vacance se prolongeât durant six mois et que pendant cet intervalle, les parties en toute affaire fussent tenues de désigner, pour exercer les fonctions de juge suppléant, l'avoué ou l'avocat qui leur inspirerait le plus de confiance. A l'expiration des six mois, cette espèce de scrutin serait présentée au garde des sceaux, qui trouverait dans les préférences des justiciables la preuve des lumières et de l'autorité du candidat.[1] Ce procédé, à coup sûr un des plus ingénieux, ne répond qu'à certains besoins. Il néglige les meilleurs juges de paix, il exclut le parquet ; pour les cours, il écarte les présidents et les membres les plus distingués des tribunaux. Enfin on peut craindre que le choix ne tombât tantôt sur les avocats les plus connus qui refuseraient un siège, tantôt sur les jurisconsultes que désigneraient les avoués devenus les maîtres absolus du recrutement.

Écartons le vote des justiciables, comme l'assemblée mixte, comme le tableau annuel des candidatures, n'hésitons pas davantage à repousser la présentation par les conseils-généraux, qui introduirait les passions politiques en un domaine d'où elles doivent être bannies. Comment donc établir un contrôle et un frein ? Les autres ministres n'ont pas ce pouvoir absolu. Est-ce

---

1 *Vues sur le gouvernement de la France*, p. 151.

George Picot

que le ministre de la guerre ou de la marine peut accorder une promotion de choix à un officier si celui-ci n'est pas porté au tableau d'avancement ? Pour les chaires de l'ordre le plus élevé, est-ce que le ministre de l'instruction publique peut sortir du cercle tracé par les présentations des compagnies savantes ? La politique pure échappe seule à ces sévères garanties, et il ne peut en être autrement : partout où les qualités de tact et de mesure, partout où l'action, le dévouement et le zèle sont plus nécessaires que la science acquise, le ministre peut décider seul. Ce n'est pas par un examen qu'un candidat montre qu'il sait le secret de manier les hommes. Les ministres de l'intérieur ou des affaires étrangères doivent donc demeurer libres, tandis que nul de leurs collègues, quelle que soit sa perspicacité, ne peut en dehors de toute vérification spéciale, découvrir un ingénieur, inventer un savant ou créer un juge. Faut-il, à l'imitation des autres départements ministériels instituer auprès du garde des sceaux un comité d'avancement, un conseil supérieur de la justice qui dresserait chaque année, sur les rapports des chefs de cours, une liste dans les limites de laquelle serait enfermé le ministre ? Ce système substituerait dix électeurs à un électeur unique. Il mettrait le ministre de la justice en tutelle sans lui fournir de véritables lumières. Cherchons donc les garanties qui l'éclaireraient sans nuire à sa dignité.

Dans les usages actuels, le premier président et le procureur-général sont censés désigner chacun trois candidats au ministre. Nous voudrions que les compagnies où se produit la vacance fussent investies du droit de présenter des candidats. De leur côté, les jurisconsultes exerçant dans le ressort se réuniraient, en une assemblée séparée, pour dresser une liste. Le garde des sceaux serait placé de la sorte entre deux listes exprimant des besoins et contenant des aptitudes diverses ; l'une répondant à la tradition des corps judiciaires, l'autre apportant dans ces compagnies un peu renfermées l'air du dehors, grâce au mouvement du barreau, à la pratique des affaires et à la science de l'école.

La cour de cassation serait assurément fort compétente pour dresser sa liste. Avant de la faire, elle pourrait demander à chaque cour d'appel de lui désigner un candidat. Mise en possession de ces divers noms, elle aurait en main les éléments les plus sûrs de son choix. Auprès d'elle et en dehors de son action directe, s'assembleraient les jurisconsultes : les plus anciens avocats à la cour de cassation, le bâtonnier et les anciens bâtonniers de Paris, le doyen et une délégation de la faculté de droit de Paris. Si on ne jugeait pas possible de déplacer les bâtonniers de l'ordre près chaque cour d'appel et le doyen de chaque faculté de droit, dont la présence assurerait à l'assemblée une haute compétence, le bâtonnier et le doyen de la faculté de Paris devraient recueillir avant la réunion les avis de leurs confrères. Qu'on se figure ces deux assemblées rédigeant leurs présentations, et qu'on cherche quel est l'homme éminent qui n'aurait pas été assuré d'y figurer. Oui, nous en tombons d'accord, le magistrat sans notoriété dans sa province, l'avocat privé de toute autorité en son barreau ne pourra plus rêver de parvenir à la cour suprême par un coup de faveur politique ; mais en revanche que d'hommes distingués dont l'influence locale est puissante et dont le nom sera présenté dans cette assemblée assez nombreuse pour connaître tous les mérites, assez restreinte pour échapper aux courants politiques ! Par la force des choses, il se fera une sorte de roulement en vertu duquel la cour de cassation présentera tour à tour des magistrats de Paris et de province, tantôt des magistrats inamovibles, tantôt des membres du ministère public. L'assemblée des jurisconsultes agira de même : à une présentation portant sur un professeur de droit succédera la présentation d'un avocat, et ainsi le ministre de la justice verra successivement passer devant lui tous ceux qu'entoure un crédit légitime.

Si cette méthode tient compte des trois éléments que nous voulons pondérer, si elle respecte la tradition des corps judiciaires, l'opinion extérieure des jurisconsultes compétents et l'autorité gouvernementale, pourquoi ne pas l'appliquer au recrutement des cours d'appel ? La cour, à chaque vacance, présentera ses candidats. L'assemblée comprendra le conseil de l'ordre des avocats à la cour, la chambre de discipline des avoués à la cour et les membres de la faculté de droit, s'il en existe dans le ressort. Pour les tribunaux, la cour dresserait la liste, mais en appelant dans son sein les présidents de tribunaux, tandis que les jurisconsultes convoqueraient le conseil de chaque barreau, les présidents des chambres des avoués et des chambres des notaires du ressort. Pour le choix des magistrats cantonaux, le tribunal du département, auquel s'adjoindraient les juges de paix, dresserait une liste que la cour examinerait et compléterait, s'il y avait lieu.

Dans chaque compagnie comment seraient choisis les présidents ? L'élection a été souvent proposée ; néanmoins, nous pensons qu'elle offre des périls graves. Il ne s'agit pas seulement pour le président d'une cour de diriger matériellement un débat, mais d'exercer sur les mœurs et la discipline des magistrats une action durable. C'est à la juridiction supérieure que nous voudrions déléguer la mission de choisir les présidents de chambre. La cour de cassation choisirait les présidents à la cour d'appel, la cour d'appel les vice-présidents des tribunaux. Reste le choix du premier président. Il est dangereux de l'abandonner au vote de ses pairs, ou à la désignation de la juridiction supérieure. Du choix du chef de la compagnie peut dépendre pour l'avenir la direction de ses travaux, l'autorité de sa jurisprudence, la dignité des mœurs et l'influence de la justice en un ressort. Aux devoirs austères du magistrat se joignent pour le président de tribunal ou pour le premier président de la cour, chef de la justice en une juridiction, des devoirs publics : ils représentent au dehors les corps judiciaires, peuvent soutenir leur dignité ou la compromettre suivant le tact de leur conduite. Il nous semble que le conseil des ministres, sur le rapport du garde des sceaux, devrait être chargé de choisir le président du tribunal ou le premier président de la cour parmi les vice-présidents et présidents ; promus par la juridiction supérieure, sans que les choix fussent limités à la compagnie, ni au ressort qu'il s'agirait de pourvoir.

Tels seraient, dans leurs traits principaux, les moyens employés pour éclairer et contenir le ministre. Nous sommes persuadés que, sans altérer les mœurs judiciaires, ils relèveraient le niveau des capacités et ne mettraient obstacle qu'aux choix dictés par la faveur. A ce système nous ne connaissons qu'un défaut : l'esprit local développé avec excès peut devenir un péril pour la justice, un écueil pour la jurisprudence, dont il risque d'altérer l'unité. Afin d'y porter remède, pourquoi ne pas autoriser le ministre à prendre une fois sur quatre le magistrat sur une liste présentée dans un autre ressort ? Ces roulements consacrés par l'usage sont moins difficiles qu'on ne le pense à établir., La cour des comptes en offre actuellement 1 ! exemple en ne donnant au ministre qu'un choix limité.

« Vous voulez fortifier, dira-t-on, les mœurs judiciaires ? Ces présentations, vont les troublée : elles créeront les brigues et altéreront les relations mutuelles. » Si la prévision était fondée, quel spectacle de divisions ne fourniraient pas les corps qui se recrutent eux-mêmes ! Où cependant la confraternité est-elle plus simple, plus dénuée d'aigreur que dans le sein des académies ? Le nouveau venu. peut-il deviner à l'accueil de ses anciens quel a été le vote hostile à son entrée ? Le scrutin proclamé, c'est le propre de l'esprit de corps de prévaloir sur les préférences individuelles. Sous l'influence de la politique, la cooptation peut amener la formation de partis ; mais si elle est tempérée par le choix, du ministre s'exerçant sur deux listes. L'esprit de coterie et de compétition ne pourra, pas naître ni se développer.

M. Portalis disait en 1840 : « C'est, surtout dans un état où règne l'égalité civile, oui triomphe l'égalité politique, où tous, sont également admissibles à tous les emplois, lorsqu'il n'y a plus de présomption légale d'aptitude, ni de capacité, qu'il doit exister en avant de toutes les carrières publiques des stages, des noviciats, des candidatures.[1] » Les garanties que nous venons d'examiner ont toutes en vue la magistrature dans un état démocratique, l'abolition de toute faveur, la substitution du mérite reconnu à l'intrigue et aux sollicitations inavouables, l'établissement enfin d'un perpétuel concours entre les magistrats, concours, créé par l'émulation, entretenu par une ambition) légitime et constamment surveillé pair tous ceux qui entourent le tribunal et dont l'opinion, bien avant d'être officiellement consultée, était décisive sur la valeur des magistrats.

VI

Nous n'avons eu en vue qu'un seul but : améliorer, sans bouleverser. Notre organisation judiciaire nous semble bonne. Avec très peu d'efforts, elle peut, devenir meilleure. Lorsque les jeunes recrues de la magistrature n'y entreront que la tête haute par la porte du concours et par la libre présentation des tribunaux,

---

[1] *Rapport à la chambre des pairs sur les juges suppléants*, 1840. Monit., p. 1616.

juges du mérite des auditeurs, lorsque le garde des sceaux ne pourra nommer que les candidats appelés par les vœux des magistrats ou des jurisconsultes, quand les juges attachés à de grands tribunaux auront été délivrés de la fièvre d'avancement qui les dévore, lorsqu'ils auront cessé de tourner leurs regards et leurs sollicitations vers la chancellerie, nous pensons que nous aurons fait un grand pas vers l'indépendance du pouvoir judiciaire. Tout ce qui doit appartenir à l'état lui demeurera sans conteste : non-seulement le choix entre les candidats présentés et l'investiture du magistrat, mais la discipline exercée à tous les degrés sur l'initiative du chef de la justice, la nomination et l'avancement des membres du parquet, la suprême impulsion de l'action publique, seront le domaine exclusif du garde des sceaux. Il conservera de la sorte, dans une mesure restreinte mais nécessaire, l'action qui doit appartenir au gouvernement sur les corps judiciaires.

A ces réformes qui doivent fortifier le caractère du juge, lui donner à la fois la dignité et la fermeté, d'autres qui en seraient le complément viendraient tout naturellement se joindre ; les traitements seraient relevés dans une proportion suffisante pour mettre le juge au-dessus de la gêne, ils seraient augmentés d'un cinquième après dix années de résidence hors de Paris en un même siège, le montant des pensions de retraite serait égal à la moitié du traitement, les retraites forcées seraient abolies, ce ne serait plus la compagnie qui obligerait ses membres infirmes à se démettre, mais la juridiction supérieure qui exercerait à ce point de vue un pouvoir disciplinaire ; les adresses seraient interdites aux magistrats, ils ne se déplaceraient jamais en corps pour rendre hommage à aucun fonctionnaire, pas plus au garde des sceaux qu'au général commandant un corps d'année ; afin d'empêcher que le soupçon entrât dans l'esprit d'un plaideur, le fils ou le gendre d'un juge ne pourrait être admis à plaider devant lui. En une telle matière, il n'y a pas de réforme inutile ou indifférente ; toutes ont une portée, et le législateur qui en prendrait l'initiative serait assuré d'entourer la justice de ce respect qui est sa force.

Mais à l'heure où nous sommes, la majorité de la chambre ne demande qu'une seule modification : le changement du personnel. Elle ne veut pas, dit-elle, supprimer l'inamovibilité, « mais la suspendre parce que celle-ci forme un obstacle. Avec des hommes nouveaux, elle admet le principe. — Que nul ne s'y trompe : l'inamovibilité suspendue, c'est l'inamovibilité supprimée. Il y a des règles qu'on ne peut violer une seule fois sans qu'aussitôt d'entraînements en entraînements, d'exceptions en exceptions, elles me soient à jamais méconnues. Quand, en un siècle où tout a changé, une institution a duré soixante-six années, ne croyez pas qu'il sera aisé de l'abattre un instant, puis de la relever. Après l'avoir frappée, regardez-y bien, et vous verrez qu'elle est à jamais privée de vie. Si, par malheur, la chambre des pairs, en 1815, avait eu la faiblesse de voter la proposition Hyde de Neuville, il est de toute certitude que la magistrature eût été livrée en ce siècle à tous les vents de la politique et que le personnel en eût changé six fois. Suivons les événements qui seraient issus de ce point de départ. L'inamovibilité suspendue par les deux chambres, le gouvernement forcé d'obéir à leur vœu, renouvelant de fond en comble le personnel, et une magistrature de parti rendant pendant toute la restauration une justice mise en suspicion par la grande majorité du pays, voilà les suites immédiates de cette première faute. Les autres conséquences n'eussent pas été moins graves. Le gouvernement de juillet n'eût pas hésité à suspendre l'inamovibilité. C'eût été son devoir envers le pays. Il ne se serait pas élevé une voix parmi les libéraux pour la défendre. Aussi, pendant dix-huit ans, légitimistes et républicains se seraient réunis pour récuser la justice tout entière, et, en 1848, les premiers décrets, franchissant de nouveau cet obstacle, auraient élevé sur les débris des barricades la magistrature révolutionnaire, Aurait-on attendu quatre ans pour chasser les produits de l'émeute ? Nous en doutons fort et, dès 1849, nous sommes persuadé qu'ils auraient fait place à une magistrature composée à l'image de la majorité monarchique de l'assemblée législative. Qui peut croire un seul moment que l'auteur du coup d'état l'eût trouvée à sa convenance ? un flot de juges bonapartistes l'eût remplacée, et, en 1871, l'assemblée nationale aurait été rechercher les survivants de 1849 pour les faire, remonter sur leurs sièges. A l'heure présente, les partisans de la loi votée par la chambre des députés auraient beau jeu pour dénoncer les hôtes changeants de nos cours. Une seule faute, la faiblesse de la chambre des pairs en 1815, aurait donc changé la destinée de la magistrature et rendu irréalisable en notre siècle le principe de l'inamovibilité ; tant il est vrai qu'en

George Picot

politique toutes les fautes se tiennent, que les partis sont solidaires les uns des autres, et que tous vivent, comme l'a dit un jour M. Thiers, sous l'inexorable loi du talion !

Qu'on le veuille ou non, si l'épuration a lieu d'ici à quelques années en notre pays, rien n'empêchera la magistrature d'être vouée pour une longue période à l'instabilité qui atteint en France tout ce que fonde l'esprit de parti. C'est l'admirable vertu de l'inamovibilité de couvrir le juge, de l'empêcher de tomber aux- mains des factions. Telle est la force de cette garantie qui est l'axe de la justice, qu'il suffit de la menacer pour ébranler tout l'édifice de nos corps judiciaires. Depuis un an, elle est en péril. Voyez ce qui se passe. La justice, ce qui est contraire à sa nature et à son devoir, s'émeut ; il est des juges dont l'impassibilité se trouble. Ce qui est inévitable chez les natures généreuses, la crainte d'être soupçonnés de complaisances envers le pouvoir qui prétend être maître demain de les proscrire, leur a inspiré une susceptibilité farouche. Des âmes viles multiplieraient les bassesses envers le gouvernement ; elles auraient acheté à coups d'arrêts la faveur de continuer à rendre la justice. Tout au contraire, plus le danger devient pressant et plus le langage est hardi ; nulle trace de défaillance, les cœurs sont fermes, les allures fières. Le défi jeté à la magistrature qu'on insulte, à l'inamovibilité qu'on menace est relevé de telle sorte que les juges, loin de s'abaisser, semblent prendre plaisir à se compromettre. A l'inamovibilité suspendue par l'une des chambres les magistrats ont répondu en attestant leur indépendance. Le premier éclat est passé ; ils ont bondi sous l'injure ; nous le comprenons ; mais ils ne seraient pas pardonnables de ne pas reprendre possession d'eux-mêmes. En nommant sa commission, le sénat a montré qu'il tenait l'inamovibilité pour un principe fondamental de nos lois ; comme en 1815, la chambre haute va répondre à la chambre introuvable. La réponse sera la même. Les rédactions de personnel, si elfes sont prononcées, ne donneront pas au garde des sceaux un choix arbitraire. Tout est là, c'est le nœud de la discussion. Par leur tenue, par leur impartialité et leur calme, les magistrats peuvent rendre le succès plus prompt, l'issue de la campagne plus décisive. Qu'ils se tiennent à l'écart des luttes de partis, qu'ils continuent à juger suivant leur conscience tous ces déclinatoires qui altèrent les compétences et qui blessent la justice, mais qu'en dehors de ce qui leur est strictement demandé, ils ne mêlent aux motifs de leurs arrêts ni un cri de colère ni un accent de rancune.

Aux manœuvres d'un parti qui veut prendre possession de la magistrature pour la précipiter dans les luttes politiques et l'asservir à ses passions, qu'elle réponde en se dégageant de toute passion pour obéir à la seule voix de la justice. « Dès que la politique, a dit un jour M. Guizot, pénètre dans l'enceinte des tribunaux, peu importent la main et l'intention qui lui en ont fait franchir le seuil, il faut que la justice s'enfuie. Entre la politique et la justice, toute intelligence est corruptrice, tout contact est pestilentiel. En la recherchant, la politique s'accuse ; en s'y prêtant, la justice se perd. Que la société regarde donc bien aux moindres symptômes de rapprochement, qu'elle s'en inquiète dès le premier jour et ne se laisse imposer par aucune excuse. Ni les circonstances ni les hommes, rien ne doit rassurer contre le fait même. Si les circonstances sont graves, elles s'aggraveront ; si les hommes sont honnêtes, ils se pervertiront. » (*Moniteur* 1846, p. 1411.)

Ce langage est vrai sous une république comme sous une monarchie. Plus le gouvernement est démocratique, et plus les institutions judiciaires sont appelées à jouer un rôle important. Nous avons appris, à l'exemple de l'Amérique, dans quelle sphère inaccessible il importe de maintenir les juges au sein d'une démocratie. Quelle que soit la rapidité du mouvement qui entraîne les hommes dans les sociétés les plus turbulentes, il y a une force qui doit former le centre et le pivot : le pouvoir du juge doit demeurer immobile au milieu de ce mouvement universel ; il faut le constituer, l'armer fortement et faire de son rôle une mission dont les factions seront impuissantes à le détourner. Plus cette mission est haute et difficile, et plus est important le choix de ceux qui la rempliront. Relever tes magistrats, les choisir sans faiblesse, à la mesure de leur science et de leur caractère, les entourer de considération et de respect, étouffer l'ambition, récompenser le travail, voilà le devoir urgent. Pour le remplir, le législateur doit se mettre au-dessus de l'esprit de parti, ne voir que l'intérêt supérieur d'une société qu'il s'agit d'arracher aux secousses périodiques des révolutions et fermer l'oreille aux sommations des jacobins comme aux ordres du despotisme.

La démagogie exige une organisation toute nouvelle. — Il faut répondre que nous voulons fonder nos tribunaux sur la tradition attestée par une expérience de trois quarts de siècle.

Elle veut confier des pouvoirs arbitraires au chef politique de la justice. — Nous voulons restreindre les pouvoirs du ministre, lui laisser la direction de l'action publique, la libre nomination des parquets, la discipline, mais limiter le droit qui lui appartient de choisir les juges au gré d'un parti.

La démagogie veut des juges amovibles, les partisans de l'absolu cherchent des magistrats prêts à servir ; le césarisme les jette aux pieds d'un maître ; les jacobins les livrent à la toute-puissance populaire, — Nous voulons des juges permanents qui puissent regarder en face l'arbitraire, de quelque point de l'horizon qu'il se lève ; nous voulons pour juge le plus savant parce qu'il aura le respect des lois, le plus digne parce qu'il déliera la corruption, et le plus libre parce qu'il n'obéira à personne.

La démagogie veut en un mot une justice asservie sous un pouvoir judiciaire esclave de l'exécutif. — Nous voulons une justice indépendante, avec un pouvoir judiciaire placé assez haut pour nous servir de guide dans notre marche et d'arbitre dans les débats inconnus qui sont le secret de l'avenir.

Le désaccord est complet. C'est au pays qu'est réservé le soin de dire s'il se résigne à vivre sous le pouvoir absolu également détestable du peuple ou d'un seul, ou s'il est résolu à fonder un jour la liberté sur le respect des consciences et des lois.

III. L'ESPRIT DE RÉFORME ET L'ESPRIT RÉVOLUTIONNAIRE.

ISBN : 978-1539358978

www.ingramcontent.com/pod-product-compliance
Lightning Source LLC
Chambersburg PA
CBHW070322190526
45169CB00005B/1701